特別支援学校学習指導要領等を踏まえた

病気の子どものための教育必携

■編　著　全国特別支援学校病弱教育校長会
■監　修　深草　瑞世　文部科学省初等中等教育局特別支援教育課
　　　　　　　　　　　　特別支援教育調査官

ジアース教育新社

ま　え　が　き

平成 30 年度全国特別支援学校病弱教育校長会長
横浜市立浦舟特別支援学校長　**長岡　利保**

　全国的に児童生徒数が減少する中、特別支援教育を必要とする児童生徒は年々増加しています。病弱教育においても病気の子どもを取り巻く環境は大きく変化しており、複雑で多様な指導や支援が求められているところです。

　そういった中で、特別支援教育全体でみればインクルーシブ教育システム、合理的配慮、さらに医療的ケアなど取り組みは多岐にわたっており、また病弱教育については、新学習指導要領の改訂のポイントとして「間接体験や疑似体験、仮想体験等を取り入れた指導方法の工夫」などもあり、これからはより有効な学習システム等を考えていかなければなりません。

　全国特別支援学校病弱教育校長会でも毎年調査してまとめているところですが、各地域の行政や医療の方向性、病気の種類の多様化、学校形態、地域の特性など、学校ごとに課題は様々です。どのような環境でも、学校ではそれぞれの課題を明確にして工夫しながら実践していますが、これからの病弱教育のその先を見据え模索しているところではないでしょうか。

　このように激しい勢いで変化する現代社会に素早く対応できるよう、病弱教育としても歩みを止めることなく、今できることを工夫しながらさらに進んでいかなければなりません。そのためには全国の病弱教育に携わる方々が一つになり、子どもたちを支えていくことが必要に迫られています。

　本校長会が編集した『特別支援学校の学習指導要領を踏まえた病気の子どものガイドブック』（ジアース教育新社）の発行から 8 年が経ち、それを踏襲しつつ、ここに新たな『特別支援学校学習指導要領等を踏まえた病気の子どものための教育必携』を発行することとなりました。医療も教育も大きく進歩しています。全国より寄せられた様々な教育実践事例等が病弱教育のよりよい理解と推進、さらには病気の子どもたちに関わる方々のスキルを向上させ、「すべての子どもたちの幸せのために」なることを願い、この『教育必携』が有効に活用されていくことを期待しております。

　　令和 2 年 1 月

まえがき

第1章　病気の子どもと学校教育

第2章　学習指導要領を踏まえた指導

第3章　病気等の状態等に応じた指導と配慮

第4章　病弱教育に関するQ&A

第5章　資　料

第1章

病気の子どもと学校教育

はじめに

　「病気の子ども」というと、どのようなイメージがあるでしょうか。

　入院、寂しい、つらい、一人ぽっち、ずっと寝ている等々、明るい言葉はあまり出てきません。しかし、入院中に病弱教育を行う全国の特別支援学校（以下、「特別支援学校（病弱）」という。）や病院内にある病弱・身体虚弱特別支援学級（以下、「病弱特別支援学級」という。）で学んでいる児童生徒は、先述の気持ちはもちながらも、授業、治療、テスト、リハビリ、遊び等々に向き合い、日々成長しています。「できない」「やってはいけない」等の制限が多い入院生活の中で、「わかる」「できる」ことの多い学校生活は、児童生徒を笑顔にし、医療、福祉等の人々に支えられながら、一歩一歩成長しています。

　入院している児童生徒の学習環境はどうなっているのでしょうか。

　平成24年7月、中央教育審議会（以下、「中教審」という。）の初等中等教育分科会においてとりまとめられた「共生社会の形成に向けたインクルーシブ教育システム構築のための特別支援教育の推進（報告）」において、入院中の子どもの学習の機会や、退院後も引き続き経過観察等が必要な子どもへの対応等のため、転学手続きの運用等を一層柔軟にしていくことを検討すべきとの指摘がなされました。

　また、平成26年5月の児童福祉法一部改正に伴う参議院附帯決議では、「（中略）長期入院児童等に対する学習支援を含め、小児慢性特定疾病児童等の平等な教育機会の確保等に係る措置を早急かつ確実に講じること」と規定されたことから、文部科学省が初めて、入院する児童生徒の学習について実態把握をするために全国調査を行いました。

【病気やけがにより長期入院した児童生徒に対する学習指導（小・中学校の場合）】

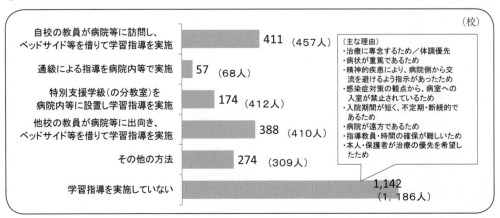

文部科学省「長期入院児童生徒に対する教育支援に関する実態調査」（平成26年度）結果より

　その「長期入院児童生徒に対する教育支援に関する実態調査」によると、平成25年度一年間に病気等で年間延べ30課業日以上入院しながら、病院にある学校等へ転校していない児童生徒は延べ約6,300人おり、その約4割に当たる2,520人は在籍校を欠席したまま学習指導が行われていないことが明らかになりました（人数は小学校、中学校、高等学校等の合計）。その中には、治療等により医療側の指示で学習ができない児童生徒はいますが、学習指導を実施していない理由の中には「病院が遠方であるため」「指導教師・時間の確保が難しいため」等の理由もあげられていました。学習の機会がない児童生徒に対して、どうすれば学習の機会を保障できるのか、平成28年から3年間をかけて、文部科学省が調査研究事業「入院児童生徒等への教育保障体制整備事業」を行いました。体制・連携と教育機会確保の2つのテーマで、11自治体が調査研究を行っています。市町村教育委員会等との連携強化や理解啓発のために学校・病院連携支援員を配置したり、ICT機器等を配備して教育機会確保と学びの充実を目指したり等、自治体の課題に応じた取り組みがなされました。これらの取組状況が共有されることにより、これまでの取り組みを見直したり、工夫したりするなど、病気療養中の児童生徒の学びの充実に向けて歩みを進めている自治体もあります。

　日々、成長していく子どもが、病気の治療を行いながら学習できる仕組みやその意義についてはあまり知られていません。病気の子どもの教育＝「病弱教育」について、本章では主に仕組みについて解説し、第2章以降はより具体的に、全国の特別支援学校（病弱）、病弱特別支援学級の実践事例をあげます。病気を知るだけでなく「病気の状況にある子ども」の学びに着目して指導できるよう、学習指導要領等を踏まえて解説します。学習指導要領については、平成29年3月から平成31年2月にかけて幼稚園教育要領、小学校・中学校・高等学校学習指導要領、特別支援学校幼稚部教育要領及び特別支援学校小学部・中学部・高等部指導要領が改訂されました。本書では、これら改訂された学習指導要領等を踏まえて解説します。

1 病気の子どもの教育（病弱教育）とは

（1）病弱教育の歴史

【明治】

　明治22（1889）年、三重尋常師範学校の生徒に脚気病が多発し、山に転地して教育を行ったのが我が国の病弱教育のはじまりといわれています。それは、デンマークやスイスに次ぐもので、世界的にも最も早く行われた病弱教育の一つといわれています。また、国内の「特殊教育」としては、盲教育、ろう教育に続いて行われました。

【大正】

　大正2（1913）年、財団法人日本結核予防協会ならびに結核予防会が設立されました。翌年には、国が積極的に療養所を設置する施策が始まります。この時代は、多様な教育形態で病弱教育が行われていました。以下、主なものをあげます（名称は当時のものです）。

① 休暇集落

　虚弱体質改善のため、休暇を利用して山地・林間、海浜等に滞在して保健的養護を試みる特別の施設で、海浜学校、林間学校などとも呼ばれていました。教科指導等の教育を本務としないものに限られます。

② 養護学校

　休暇集落の施設を半永久的に常設施設として教科指導等を併せ行うものであり、療養と教育を兼ね備えた独立の学校です。

　大正6（1917）年、社団法人白十字会附属林間学校が神奈川県知事から認可され、国内初の養護学校として開校しました。これが現在の特別支援学校（病弱）の始まりです。

③ 特別学級・養護学級等

　上記養護学校の機能と同じですが、独立の学校ではなく、学校の中の学級として設置されました。

④ 健康学園

　生活の根拠地を高原、海浜等の環境の良い所に移し、保健的養護を行うもので、特殊学級または分教室が併設されていました。

⑤ 施設内教育

　医療機関、児童福祉施設またはその他の施設の中に教育機関を設置して行われる教育であり、公的、私的両方の教育機関がありました。

【昭和前期】（第二次世界大戦終結以前）

　この時代は、結核予防としての積極的な健康増進対策及び虚弱児の健康改善を目的とした対策が行われました。大正時代同様、休暇集落、養護学級、養護学校が設置され、全国に広まりました。

【昭和後期】（第二次世界大戦終結以後）

　虚弱児対象の林間学校等は、結核予防から次第に肥満児、喘息児等に対象を変えていきました。一方、小学校内の特殊学級・養護学級が全国的に増える中、一部の小・中学校の特殊学級・養護学級を県立へ移管させる等、都道府県立の養護学校に改組されていきました。

【平成】

　医療の進歩に伴い、入院の短期化（図１）や入院の頻回化（入退院を繰り返す治療法によるもの）や、入院しなくても外来通院で治療できるようになるなど、治療法も変わってきています。毎年、義務教育段階の児童生徒が約10万人ずつ減少していることを考えると、表１の患者数に大きな変化がないということは、病気の子どもはそれほど減っていないことがわかります。

　また、隣接する病院の小児科病棟の閉鎖等により、特別支援学校（病弱）が病弱教育単独（病弱者だけを対象とする）では少人数化してしまう等の理由で、特別支援学校に設置できる病弱以外の４障害種（視覚障害、聴覚障害、知的障害、肢体不自由）の教育部門のいずれかを設置する併置化が進んでいます。例えば、病弱教育部門の他に、知的障害教育部門、肢体不自由教育部門の３障害種の教育を行う学校の割合が多くなっています。また、入院している児童生徒だけでなく、

（単位：日）

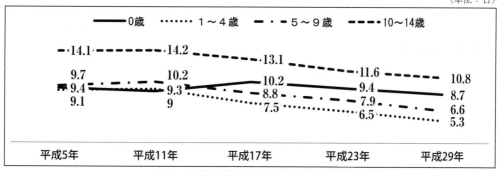

図1　退院患者の平均在院日数の推移　厚生労働省「患者調査」より

自宅からの通学生を受け入れる等、これまでにない形態に変わりつつあります。ただ、併置化・通学化することにより、病弱教育を行う特別支援学校は増加しました（表2）。

表1　学齢期の患者数の推移　　（単位：人）

年　齢	平成17年		平成23年		平成29年	
	入院	外来	入院	外来	入院	外来
0歳	11,000	66,600	10,900	75,700	11,200	70,100
1〜4歳	9,100	293,900	7,300	291,900	6,700	257,200
5〜9歳	6,700	239,800	5,600	253,000	4,500	229,800
10〜14歳	6,600	144,300	5,700	169,100	5,100	150,200
15〜19歳	8,800	125,800	7,500	120,200	6,800	115,300
総数	42,200	870,400	37,000	909,900	34,300	822,600

厚生労働省「患者調査」より

表2　病弱者である児童または生徒に対する教育を行う特別支援学校数

各年5月1日現在　（単位：校）

年　（平成）	19	20	21	22	23	24	25	26	27	28	29	30
特別支援学校（病弱）	78	74	70	65	63	63	63	63	61	58	57	57
複数障害種（併置）のうち病弱教育を行う特別支援学校	28	50	59	66	75	76	80	82	84	91	92	95
病弱教育を行う特別支援学校（単独＋併置）	106	124	129	131	138	139	143	145	145	149	149	152

※国・公・私立計　文部科学省初等中等教育局特別支援教育課「特別支援教育資料（平成29年度）」を基に作成

　病弱教育の長い歴史をひも解くと、脚気病に始まり、結核、喘息等と主な対象の疾病は変わってきましたが、子どもの療養には必ず教育が伴っていました。成長期の子どもには、治療も教育も必要であり、どちらか一方だとか、どちらが優先ではなく、医療と教育が連携し、子どもの成長を支えてきたことが、病弱教育の歴史からわかります。

One Point

　平成19年に特別支援教育制度が始まり、それまでの「盲・ろう・養護学校」は、法律上は複数の障害種に対応できる「特別支援学校」になりました。しかし、学校の固有の名称として「○○養護学校」とそのまま使っている自治体もあります。法律上は、養護学校も支援学校もすべて「特別支援学校」です。

（2）病弱・身体虚弱とは

① 病弱

　「病弱」とは、心身の病気のために弱っている状態であり、これは医学用語ではなく一般的な用語です。学校教育における「病弱」とは、「教育支援資料」によると「心身の病気のため継続的又は繰り返し医療又は生活規制（生活の管理）を必要とする状態を表す際に用いられている。ここでいう生活規制とは、入院生活上又は学校生活、日常生活上で留意すべきこと等であり、例えば健康の維持や回復・改善のために必要な服薬や、学校生活上での安静、食事、運動等に関して留意しなければならない点などがあることを指す。」と示されています。

② 身体虚弱

　「身体虚弱」とは、身体が不調な状態が続く、病気にかかりやすいといった状態であり、これも医学用語ではありません。学校教育における「身体虚弱」とは、教育支援資料によると「病気ではないが不調な状態が続く、病気にかかりやすいなどのため、継続して生活規制を必要とする状態を表す用語である。身体虚弱という概念は一定したものではなく、時代により使われる用語も変化してきた。」と示されています。

③ 病弱教育とは

　「病弱」と「身体虚弱」は区別されますが、病弱及び身体虚弱の子どもに対して行われる教育を「病弱教育」といいます。

　風邪のような一時的に医療が必要となる程度のものについては病弱教育の対象とはならず、病気の子どものうち、継続的又は断続的に特別な教育的支援を必要

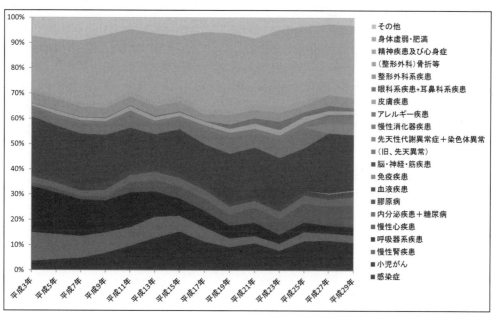

「平成29年度全国病弱虚弱教育研究連盟調査」より

図2　病類別にみた特別支援学校（病弱）等在籍者数の推移

とする場合には、病弱教育の対象となります。ですので、入院している児童生徒だけを対象としているわけではないことに留意が必要です。

　図2は、病類別に見た特別支援学校（病弱）に在籍する児童生徒数の推移です。時代とともに、在籍する児童生徒の疾患の割合が変わっていることがわかります。

（3）病弱教育の意義

　平成6年、文部省（当時）で開かれた「病気療養児の教育に関する調査研究協力者会議」の審議のまとめによると、病弱教育の意義には、次の4点があげられています。これは今でも引き継がれているものであり、第2章以降の事例からも読み取れるものです。

（1）積極性・自主性・社会性の涵養

　病気療養児は、長期にわたる療養経験から、積極性、自主性、社会性が乏しくなりやすい等の傾向も見られる。このような傾向を防ぎ、健全な成長を促す上でも、病気療養児の教育は重要である。

（2）心理的安定への寄与

　病気療養児は、病気への不安や家族、友人と離れた孤独感などから、心理的に不安定な状態に陥り易く、健康回復への意欲を減退させている場合が多い。病気療養児に対して教育を行うことは、このような児童生徒に生きがいを与え、心理的安定をもたらし、健康回復への意欲を育てることにつながると考えられる。

（3）病気に対する自己管理能力

　病気療養児の教育は、病気の状態等に配慮しつつ、病気を改善・克服するための知識、技能、態度及び習慣や意欲を培い、病気に対する自己管理能力を育てていくことに有用なものである。

（4）治療上の効果等

　医療、看護婦等の医療関係者の中には、経験的に、学校教育を受けている病気療養児の方が、治療上の効果があり、退院後の適応もよく、また、再発の頻度も少なく、病気療養児の教育が、健康の回復やその後の生活に大きく寄与することを指摘する者も多い。また、教育の実施は、病気療養児の療養生活環境の質（QOL（クオリティ・オブ・ライフ））の向上にも資するものである。

【引用文献】
全国病弱虚弱教育研究連盟・病弱教育史研究委員会編（1990）日本病弱教育史．日本病弱教育史研究会
文部科学省（2013）教育支援資料

2 我が国の学校教育システム
～多様な学びの場と支援～

（1）就学制度の改正

　平成18年12月に国連総会において採択された「障害者の権利に関する条約」について、我が国は平成19年9月に署名し、次のような国内法等の整備を進めてきました。

平成19（2007）年9月	障害者の権利に関する条約署名
平成23（2011）年8月	障害者基本法の一部改正
平成24（2012）年6月	障害者総合支援法公布
平成25（2013）年6月	障害者差別解消法制定
平成26（2014）年1月	障害者の権利に関する条約批准（同年2月発効）
平成27（2015）年11月	障害者差別解消法に係る対応指針策定
平成28（2016）年4月	障害者差別解消法施行

　教育関係では、平成25年9月、学校教育法施行令の一部を改正し、就学手続きの大幅な見直しを行いました。これまでは「就学規準」により「就学指導」を行い、原則、学校教育法施行令第22条の3に該当する児童生徒は特別支援学校へ就学していたのですが、改正により、子どもの障害の状態や教育上必要な支援

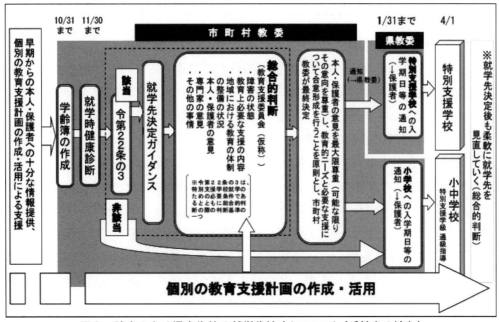

図3　障害のある児童生徒の就学先決定について（手続きの流れ）

の内容、地域のおける教育の整備状況、本人・保護者の意見、専門家の意見等を交えて、市町村教育委員会が総合的に判断し、就学先を決定していくことになりました（図3）。その際、図3にあるように、本人・保護者の意見を最大限尊重することが求められています。

　市町村教育委員会が総合的に判断し、就学先を決定する際には、特別支援学校（病弱）が対象とする障害の程度や病弱特別支援学級が対象とする障害の程度に準拠する必要があります。

　特別支援学校（病弱）が対象とする障害の程度は、学校教育法施行令第22条の3に示されています。

> 一　慢性疾患慢性の呼吸器疾患、腎臓疾患及び神経疾患、悪性新生物その他の疾患の状態が継続して医療又は生活規制を必要とする程度のもの
> 二　身体虚弱の状態が継続して生活規制を必要とする程度のもの

　小学校、中学校、義務教育学校、中等教育学校の前期課程（以下、「小・中学校等」という。）の病弱特別支援学級（小・中学校内、病院内を含む）が対象とする障害の程度は、「障害のある児童生徒等に対する早期からの一貫した支援について」（平成25年10月4日付け25文科初第756号初等中等教育局長通知）（以下、「756号通知」という。）に次のように示されています。

> ウ　病弱者及び身体虚弱者
> 一　慢性の呼吸器疾患その他疾患の状態が持続的又は間欠的に医療又は生活の管理を必要とする程度のもの
> 二　身体虚弱の状態が持続的に生活の管理を必要とする程度のもの

（2）多様な学びの場

　図4は、日本の学校系統図に、特別支援教育に関連するものを加筆しています。特別支援学校、小・中学校等の特別支援学級、通常の学級に在籍しながら指導を受ける「通級による指導」の対象となる障害種を示しています。

①　小・中学校等の通常の学級

　平成30年5月1日現在の義務教育段階の児童生徒数は約980万人です。特別支援学校（病弱）の在籍数と病弱特別支援学級の在籍数をあわせても数万人です。病気の子どもがそれだけのはずはなく、その多くは、小・中学校等の通常の学級で学んでいます。このような子どもたちに対して特別の支援までは必要ないとしても、病気に対する配慮、自己管理の指導が必要な場合はあります。例えば、糖尿病には1型と2型があります。2型は大人に多く肥満や運動不足が関係しているといわれていますが、1型糖尿病は子どもに多く、大人に多い2型と異なり肥満や運動不足とは直接関係ありません。運動などの後は、低血糖に注意が必要で

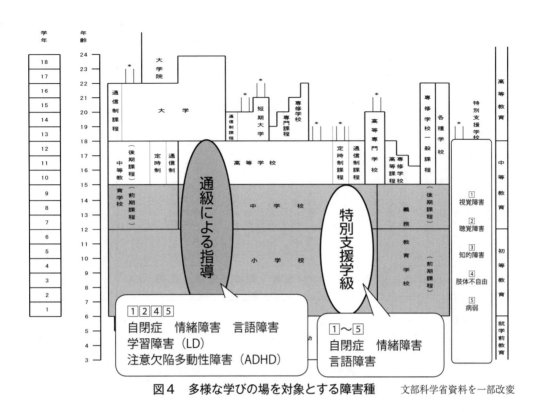

図4 多様な学びの場を対象とする障害種 文部科学省資料を一部改変

あり、必要に応じて自分で糖分（ブドウ糖など）をとるよう、医師から指示されることもあります。それを本人が言い出せずに我慢して低血糖状態になったり、隠れて補食してからかわれたりすることのないよう、担任は、本人や保護者と情報を共有して適切な対応をとることが大切です。このように、病気に対する正しい理解と、その子どもが円滑に学習や学校生活を行うことができるよう必要な配慮を行うことは大切であり、それは合理的配慮でもあります。障害者の権利に関する条約や障害者差別解消法が求めている、合理的配慮の提供のプロセス例を示しました（図5）。そのプロセスを参考にして、合意形成に向けた建設的な対話により、病気の児童生徒がよりよく学ぶ環境を整えることが必要です。

　また、特別支援学校（病弱）のセンター的機能を利用するなど、学校として対応することが求められます。

② 通級による指導

　学校教育法施行規則第140条には、通級による指導の根拠が示されています。通級による指導とは、平成5年にできた制度で、小・中学校等の通常の学級に在籍している児童生徒のうち、障害による学習上又は生活上の困難を改善し、又は克服するための指導が必要な児童生徒が、自校や他校で指導を受けるものです（特別支援学級に在籍する児童生徒は除く）。当該児童生徒が在籍する学校内に通級指導教室等を設置する「自校通級」と、児童生徒が他校に設置された通級指導教室等に通う「他校通級」や、担当する教師が指導を必要とする当該児童生徒が在

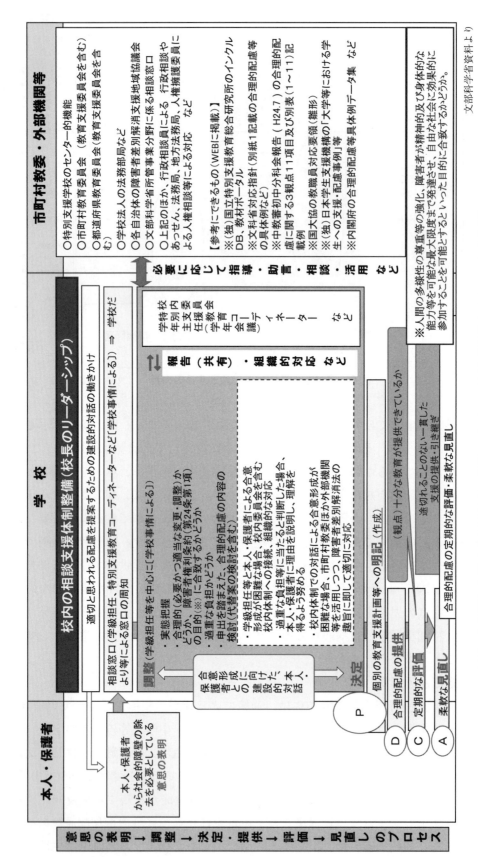

図5 各学校における合理的配慮の提供のプロセス（対応指針等をもとにした参考例）

文部科学省資料より

籍する学校へ行き指導する「巡回による指導」があります。

　平成28年12月9日に同施行規則の一部改正が公布され、平成30年4月1日から高等学校でも実施できることになりました。同施行規則第140条には「小学校、中学校、義務教育学校、高等学校又は中等教育学校において、次の各号のいずれかに該当する児童又は生徒（特別支援学級の児童及び生徒を除く。）のうち当該障害に応じた特別の指導を行う必要があるものを教育する場合」とあり、ここで示されている第1号から第7号までの障害種とともに第8号には「その他障害のある者で、この条の規定により特別の教育課程による教育を行うことが適当なもの」が示されています。その第8号に該当する障害は、肢体不自由、病弱及び身体虚弱であり、これについては前述の「756号通知」において示されています。

　なお、知的障害者が対象になっていないことについては、「改訂第3版　障害に応じた通級による指導の手引」（平成30年8月20日）によれば、「知的障害者に対する学習上又は生活上の困難の改善・克服に必要な指導は、生活に結びつく実際的・具体的な内容を継続して指導することが必要であることから、一定の時間のみ取り出して行うことにはなじまないことを踏まえ、現在、通級による指導の対象とはなっていません。」と示されています。

③　小・中学校等の特別支援学級

　学校教育法第81条には、「幼稚園、小学校、中学校、義務教育学校、高等学校及び中等教育学校において、特別の支援を必要とする幼児、児童及び生徒に対し（中略）障害による学習上又は生活上の困難を克服するための教育を行うものとする。」と示されています。「障害による学習上又は生活上の困難を克服するための教育」とは「特別支援教育」であり、これが、これらの学校で特別支援教育を行う根拠となっています。

　同条第2項には、特別支援学級を置くことのできる障害種が示されています。

　その中に「身体虚弱者」はあるのですが、「病弱者」とは書かれていません。しかし「その他障害のある者で、特別支援学級において教育を行うことが適当なもの」に「病弱者」が含まれることが、前述の「756号通知」に示されています。

　同条第3項は、前項（第2項）に規定する学校（小学校、中学校、義務教育学校、高等学校及び中等教育学校）において、病院内に学級を設置できる、又は療養中の児童生徒のために教師を派遣して教育を行うことができる、というもので、例えば、入院中の児童生徒のために病院へ教師を派遣することができるという規定です。派遣するにあたって、特別の教育課程を編成することまでは規定されていないことから、訪問教育の規定ではないことがわかります。つまり、小・中学校等の授業を、学校以外の場所でも行うことができる、ということを示しています。ただ、病院の中に特別支援学級を設置するのであれば、そこに教師を配置することはできますが、第3項は、ただ、教師を派遣することができるだけの規定なの

で、派遣するための教師が配置されるという規定ではないことに留意が必要です。

④　特別支援学校

　学校教育法第72条には、「視覚障害者、聴覚障害者、知的障害者、肢体不自由者又は病弱者（身体虚弱者を含む。以下同じ）に対して」とあるように、対象とする障害種が示されています。ここに示された病弱者を含む5つの障害種が特別支援学校の対象となるわけです。

　「特別支援教育」は、発達障害を含む障害のある子どもたちに対する教育ですが、「特別支援学校」は、上記5障害種を対象としていることに留意が必要です。

　同法第72条は特別支援学校の児童生徒に対して教育を施すことを求めており、同法第74条は地域の幼児児童生徒の教育に関し必要な助言又は援助を行うよう努めることを求めています。後者は、いわゆる「特別支援学校のセンター的機能」を表しており、特別支援学校には2つのミッションがあることを示しています。

　同法第75条は、障害の程度は政令（すなわち学校教育法施行令）で定めるとし、これを踏まえ学校教育法施行令第22条の3で示されています。

　特別支援学校は、児童生徒が学校へ通学するだけでなく、教師が児童生徒の家庭、病院や施設を訪問して教育を行うこともあります。学校教育法施行規則第131条には、特別支援学校において教師を派遣して教育を行う場合において、特に必要があるときは特別の教育課程によることができると示されています。

（3）病気の子どもの学びの場と教育課程

① 学びの場

　入院中の義務教育段階の児童生徒に対しては、病院の中で行われる教育（図6左側）と、病院と渡り廊下等で接続されている特別支援学校で行われる教育（図6右側）とがあります。前者の病院内にある教室を「病院内にある学校」または「病院内にある学級」、後者を「病院にある学校」と呼んでいます。よく「院内学級」といいますが、実は法律では使われていない言葉です。ここにあるように、病院内で行われる教育には、特別支援学校（病弱）の本校、分校、分教室や、小・中学校の病弱特別支援学級、病院に特別支援学校の教師を派遣して行われる訪問教育があります。児童生徒の病気の状態や病院の実情等に応じて様々な指導形態がとられているので、ひとくくりにすることができず、「病院にある学校」や「病院内にある学校」または「病院内にある学級」と呼んでいます。入院し、これら病院にある学校や病院内にある学校（学級）で授業を受けるには、転学が必要です。児童生徒は在籍する学校の教育を受けることが前提です。学校は、児童生徒数に応じて学級数が決まり、教師が配置されます。したがって、教師は児童生徒が在籍していないと配置されないことになります。転学と聞くと「病院に住所を移すのか」という方もいますが、住所は自宅のままで学校だけ変更します。また、転

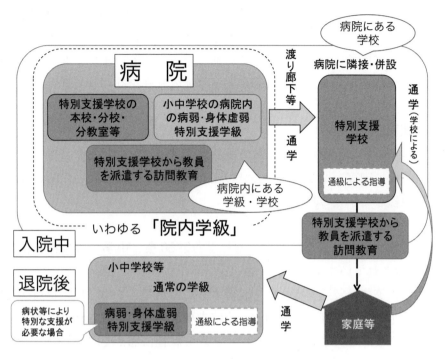

図6　病気の子どもの学びの場（義務教育段階）

居によらない転学として、新たに病弱者になった場合などは、特別支援学校の対象になります。自治体によっては、「副学籍制度」というものがありますが、二重学籍はあり得ないので、あくまで学籍は教育を受ける学校になります。副学籍と称して机や下駄箱をそのまま置き、学級の一員と位置づけることで復学したときに戻りやすいようにするための教育的配慮であり、転学せずに別の学校で授業を受けられるわけではありません。

　病院内にある学校（学級）での学習は、「教室」や「学習室」と呼ばれる部屋に集まって学習したり、治療や体調によって病室から出ることができない場合は、教師が病室まで出向き、児童生徒はベッド上で授業を受けたりすることもあります。この形態を、学校によって「ベッド学習」、「ベッドサイド学習」や「ベッドサイド指導」等と呼んでいます。この場合、教師と一対一になるので、児童生徒の体調にあわせて学ぶことができる反面、同学年の児童生徒との学び合いが難しいことはあります。そのような場合は、Web会議システムを使うなど、ICT機器等を活用することで、離れている児童生徒と共に学ぶことを可能にする方法もあります。

　退院すれば、入院以前に在籍していた学校（前籍校）に学籍を移すことになります。それを「復学」といいます。近年、入院期間が短くなる傾向にあります。また、治療によっては、短期の入退院を繰り返す治療があります。その場合、退院して家にいる間は感染症に気をつけるとともに、次の入院治療に対する身体の

準備が必要です。そのような退院後まもなくや、入院と入院の間の一時退院時に、小・中学校等の通常の学級のような大きな集団で学ぶのではなく、小・中学校等内に病弱特別支援学級を設置してそこに通う児童生徒もいます。あるいは、特別支援学校の児童生徒であれば、教師が児童生徒の家庭を訪問して教育を行うこともできます。

② 教育課程

多様な学びの場で行われている教育課程は、学校教育の目的や目標を達成するために、教育の内容を児童生徒の心身の発達に応じ、授業時数との関連において総合的に組織した学校の教育計画です。

ア）小・中学校等

小学校の教育課程は、学校教育法施行規則第50条、中学校の教育課程は、同第72条に示されています。

小・中学校等には特別支援学級を設置することができます。病弱特別支援学級の多くは、小・中学校等の校舎内と、病院内や施設内に設置されています。そこでは、小・中学校等と同じ教育課程＝準ずる教育課程に加えて、特別支援学校の「自立活動」を取り入れ、自己理解や人間関係の形成など、一人ひとりの状況に応じて目標を設定し、授業が行われます。また、知的障害を併せ有する児童生徒には、特別支援学校の知的障害のある児童生徒のための各教科等（以下、「知的障害者のための各教科等」という。）を参考にして教育課程を編成したり、障害の状態等により、特に必要がある場合は、自立活動を主とする教育課程を編成したりして授業を行うことができます。

「小・中学校等における病気療養児に対する同時双方向型授業配信を行った場合の指導要録上の出欠の取扱い等について（通知）」（平成30年9月20日30文科初第837号）によれば、疾病による療養のため又は障害のため、相当の期間を欠席すると認められる児童生徒に対し、インターネット等のメディアを利用してリアルタイムで授業を配信し、同時かつ双方向にやりとりを行った場合、指導要録上出席扱いにできることになりました。教師が自宅等を訪問して指導する「訪問教育」は特別支援学校だけの制度ですが、この通知により、病気療養児は自宅にいても教育を受けることができるようになりました。詳しくはP52「①遠隔教育 イ）小・中学校等」及び第5章の関連通知（P182）をご参照ください。

イ）高等学校

高等学校の教育課程は、学校教育法施行規則第83条に示されています。平成30年からは、通級による指導も制度化されました。

また、平成27年からは、遠隔教育を行った場合、一定の条件下で単位の認定ができることになりました。詳しくはP52「①遠隔教育 イ）小・中学校等」及び第5章の関連通知（P182）をご参照ください。

ウ）特別支援学校

特別支援学校の教育課程は、学校教育法施行規則第126条（小学部）、第127条（中学部）、第128条（高等部）に示されています。

特別支援学校（病弱）では、法令を踏まえ、児童生徒の特性に応じて、三つの教育課程を編成しています。小・中・高等学校に準ずる教育課程、知的障害を併せ有する児童生徒を対象とした知的障害の教育課程に代替する教育課程、重複障害者のうち障害の状況により特に必要がある児童生徒を対象とする自立活動を主とする教育課程です。

（4）一人ひとりの教育的ニーズによる支援

病気の児童生徒の教育には、医療や福祉等との連携が必須です。一人の児童生徒のために様々な専門家が協力する他職種連携が日常的に行われています。

① 復学支援

復学とは、退院して入院以前に在籍していた学校（前籍校）へ学籍を移すことをいいます。退院は病気の「完治」とは限りません。入院して行う治療が終わったので退院するということです。復学の際、本人と保護者が前籍校へしばらくの間の配慮をお願いすると、「退院＝病気が治った、入院前の元気な姿で戻ってくる」と勘違いしている前籍校の担任から「配慮が必要なら、まだ休んだらどうですか」とか「病気が治ってから登校しましょう」と、話されることがこれまで少なからずありました。例えば血液疾患であれば、退院は「寛解」（病気を抑えることができている状態）であり、その後、何年も通院・服薬治療を続けて「完治」を目指します。ですので、退院しても通院や体調不良で欠席することもありますし、服薬による不調があるかもしれません。食べるもの等で配慮が必要かもしれません。

そのあたりについては、退院前に関係者を集めて情報を共有し、方針を確認してよりよい学校生活を送れるようにするために「復学支援会議」を開いている学校もあります。例えば、病院内にある学校の特別支援教育コーディネーターを担う教師が、保護者（場合によっては本人も）、前籍校（担任、管理職、養護教諭、担当する特別支援教育コーディネーター等）、医療（主治医や看護師等）や福祉（ケースワーカー等）などと日程調整をし、開催日を決定します。参加メンバーは、児童生徒のニーズによって変わります。事前に情報共有の内容、確認すること、分担すること、判断することの目安、本人が不調のときの発信の仕方、当日配付するもの・しないもの等の項目を想定しておき、当日は特別支援教育コーディネーターが進行するとよいでしょう。配慮事項や確認事項等、色分けしながら板書するとわかりやすいので、記録係の教師をおいて、最後に板書を見ながら全員で確認します。その際、板書を撮影して記録に残すと、時間短縮も図れます。ま

た、参加した復学先の教師に印刷して渡せば、学校に戻ったときに学年の先生方と情報共有しやすくなります（ただし、個人情報の扱いには注意が必要です）。

　会議の中では医療用語など一般の人にはなじみのない言葉も出るので、病院内にある学校の特別支援教育コーディネーターを担う教師は、参加者が理解しているか等、状況を見ながらわかりやすく解説するなど、お互いの理解のための通訳のような役割を担うことも大切です。

② 高校生支援

　学校教育法第76条には、特別支援学校の設置学部に関することが示されています。小学部及び中学部は「置かなければならない」のですが、幼稚部又は高等部は「置くことができる」規定になっています。全国の病弱教育単独校の特別支援学校（病弱）の学部を見ると、小・中学部のみ設置されていて、高等部のない学校が約半数あります。その高等部を設置していない病院に入院している高等学校段階の生徒は、学びの場が病院内にはないことになります。また、小・中学校等の病弱特別支援学級のように、高等学校の病弱特別支援学級を病院内に設置すればよいように思いますが、法令等には、特別支援学級に係る教育課程についての規定がないことから、高等学校の特別支援学級は設置されていません。入院中の高校生の学習継続は、様々な課題を抱えています。

　少しでも解決できる方法の一つとして、平成27年に高等学校及び特別支援学校高等部で遠隔教育を活用できるようになりました。詳しくは、P52「①遠隔教育 イ）小・中学校等」及び第5章の関連通知（P182）を参照してください。

③ 特別支援学校のセンター的機能

　特別支援学校は、学校教育法第72条に規定する自校の幼児児童生徒に対する教育だけではなく、第74条の規定により、幼稚園、小学校、中学校、義務教育学校、高等学校又は中等教育学校の要請に応じて、第81条第1項に規定する幼児、児童又は生徒の教育に関し必要な助言又は援助を行うよう努めることが求められています。これがいわゆる「センター的機能」です（図7）。

　特別支援教育について専門性のある特別支援学校が、地域の学校等にいる病気の児童生徒の学校生活がよりよくなるよう支援する、という役割を担っているということです。申込先や申込方法は、自治体ごとに違うので、各特別支援学校や教育委員会などから情報を得ながら、安心して学ぶことのできる環境を整えることが必要です。

特別支援学校のセンター的機能のイメージ

これまで盲・聾・養護学校が蓄積してきた障害のある子どもの教育に関する知見を
各地域で最大限に活用する観点から、特別支援学校は小中学校等を含む関係機関や
保護者に対し、障害のある児童生徒等の教育についての助言又は援助を行う。

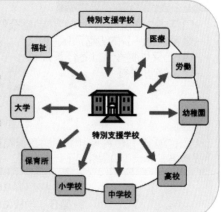

センター的機能の具体例

① 小・中学校等の教員への支援機能
→ 障害のある児童生徒に対する個別の指導内容・方法について助言
② 特別支援教育等に関する相談・情報提供機能
→ 就学前の子どもに対する指導及びその保護者からの相談
③ 障害のある幼児児童生徒への指導・支援機能
→ 通級による指導
④ 福祉、医療、労働などの関係機関等との連絡・調整機能
→ 関係機関と連携し、個別の教育支援計画を策定
⑤ 小・中学校等の教員に対する研修協力機能
→ 小・中学校等の教員に対する研修の講師を務める。
⑥ 障害のある幼児児童生徒への施設設備等の提供機能
→ 点字図書の貸し出しや知能検査の実施等

文部科学省資料より

図7　特別支援学校のセンター的機能のイメージ

④　医療的ケア

　特別支援学校に在籍するたんの吸引や経管栄養等の医療的ケアが日常的に必要な児童生徒等は年々増加するとともに、特別支援学校だけでなく、地域の学校においても医療的ケアを必要とする児童生徒等が在籍するようになってきています（表3）。これまで、文部科学省が発出した「特別支援学校等における医療的ケアの今後の対応について」（平成23年12月20日23文科初第1344号初等中等教育局長通知）（以下、「23年通知」という。）に従って、各自治体は実施体制の整備を進めてきました。

表3　医療的ケアが必要な児童生徒等数（平成29年度）

特別支援学校で医療的ケアが必要な児童生徒等数（H29年度） （　）はH18年度					
区分	幼稚部	小学部	中学部	高等部 （専攻科除く）	合計
通学生	41 (36)	3,011 (2,089)	1,532 (973)	1,477 (1,029)	6,061 (4,127)
訪問教育	0 (0)	1,059 (860)	550 (372)	548 (542)	2,157 (1,774)
合計	41 (36)	4,070 (2,949)	2,082 (1,345)	2,025 (1,571)	8,218 (5,901)

小・中学校等で医療的ケア必要な児童生徒数（H29年度）		
通常の学級	特別支援学級	合計
271	587	858

学校における医療的ケアの実施に関する検討会議資料（平成31年2月28日）

医行為

医師の医学的判断及び技術をもってするのではなければ人体に危害を及ぼし、または危害を及ぼすおそれのある行為。医療関係の資格を保有しない者は行ってはいけない。

学校における医療的ケア

特定行為（※）

・口腔内の喀痰吸引 ・鼻腔内の喀痰吸引
・気管カニューレ内の喀痰吸引
・胃ろう又は腸ろうによる経管栄養
・経鼻経管栄養

※認定された教職員等（認定特定行為業務従事者）が一定の条件の下に実施可

特定行為以外の、学校で行われている医行為（**看護師等が実施**）

本人や家族が医行為を行う場合、違法性が阻却されることがあるとされている。

学校における医療的ケアの実施に関する検討会議資料（平成 31 年 2 月 28 日）

図8　学校における医療的ケア

　医療の進歩とともに医療的ケアを必要とする児童生徒等を取り巻く環境が変わりつつあります。特定行為（図8）以外の医療的ケア、例えば人工呼吸器の管理等を必要とする児童生徒等が学校に通うようになるなど、新たなニーズが明らかになってきました。

　平成 28 年 6 月に、児童福祉法及び障害者総合支援法の一部が改正され、児童福祉法第 56 条の 6 第 2 項の規定が公布日に施行されました。これにより、人工呼吸器を装着している障害児その他の日常生活を営むために医療を要する状態にある障害児（以下、「医療的ケア児」という。）の支援について、地方公共団体は保健、医療、障害福祉、保育、教育等の連携を一層推進することが求められることになりました。

　平成 29 年 10 月には特定行為以外の医療的ケアを含め、小・中学校を含む全ての学校における医療的ケアの基本的な考え方を再検討し、医療的ケアを実施する際に留意すべき点等について整理するために文部科学省が検討会議を設置し、検討の結果、「学校における医療的ケアの実施に関する検討会議最終まとめ」（平成 31 年 2 月 28 日）が示されました。それを受けて提出された「学校における医療的ケアの今後の対応について（通知）」（平成 31 年 3 月 20 日）の別添資料には、「学校における医療的ケアの実施は、教育面・安全面で、大きな意義を持つ」ものであり、関係者の役割分担、協力が大切であると示されています。また、「特定行為以外の医療的ケアについて、医療的ケア運営協議会において全体的な方針を検討した上で、各学校において、主治医や教育委員会の委嘱した学校医・医療的ケア指導医や看護師等の助言を得つつ（中略）対応の在り方を検討」すること

が、これまで適応してきた「23 年通知」の変更として挙げられています。また、これまでは校内における医療的ケアについて示されてきましたが、通知には、校外における医療的ケアについても言及しています。「教育委員会及び学校は、児童生徒の状況に応じ、看護師又は認定特定業務従事者（登録研修機関での研修を修了したことを都道府県知事に認定された者）による体制を構築すること」と、「23 年通知」から変更されています。この平成 31 年 3 月 20 日の通知をもって、「23 年通知」は廃止されました。

（5）ICT 機器等の活用

　近年の ICT 機器等の技術発達と普及は目覚ましく、私たちの生活の中にごく普通に存在し、使われています。これらの機器の中にはあらかじめ障害のある人が使いやすい機能が内蔵されているもの（Windows での簡単操作、iPhone 等のアクセシビリティなど）があります。また、障害のある人向けに開発された機器やソフト（アプリ）も多く、病弱教育の現場にも多くのものが取り入れられています。

　そのような中、平成 24 年に中教審初等中等教育分科会が取りまとめた「共生社会の形成に向けたインクルーシブ教育システム構築のための特別支援教育の推進（報告）」には、「障害の状態等に応じた情報保障やコミュニケーションの方法について配慮するとともに、教材（ICT 及び補助用具を含む）の活用について配慮すること」と示されています。特に、病弱者に対する配慮として、「病気のため移動範囲や活動量が制限されている場合に、ICT 等を活用し、間接的な体験や他の人とのコミュニケーションの機会を提供する。（友達との手紙やメールの交換、テレビ会議システム等を活用したリアルタイムのコミュニケーション、インターネット等を活用した疑似体験　等）」と示されています。

　令和 2 年度から完全実施される特別支援学校の学習指導要領にも、「児童の身体活動の制限や認知の特性、学習環境等に応じて、教材・教具や入力支援機器等の補助用具を工夫するとともに、コンピュータ等の情報機器などを有効に活用し、指導の効果を高めるようにすること。」と示されています。

　また、制度上は紙媒体によるものを教科書としていましたが、令和 2 年度以降に完全実施される学習指導要領を踏まえた「主体的・対話的で深い学び」を充実させる視点からの授業改善や、特別な配慮を必要とする児童生徒等の学習上の困難の低減を図るため、平成 31 年 4 月に学校教育法や同関連法令が改正・施行され、紙の教科書の一部をデジタル教科書に代えて使用することができることになりました。これにより各教科書会社が発行する「学習者用デジタル教科書」を教科書として使用できることになりました。各教科書会社は「主体的な学び」を支援できる機能を充実させるとともに、障害のある子どものアクセシビリティの改善、

習熟度別学習の支援など機能についても充実させることを目指しています。デジタル教科書は、紙媒体の教科書と併用することを基本としていますが、障害のある子どもについては、学習上の困難を低減できる場合には紙媒体の教科書に替えてデジタル教科書を使用することができるようになっています。なお詳しいことは、平成 30 年 12 月に文部科学省が公表した「学習者用デジタル教科書の効果的な活用の在り方等に関するガイドライン」を参照してください。

　これらのことから、ICT 機器等を有効に活用することで、病気や障害のため教育的支援が必要な児童生徒への合理的配慮の提供とより手厚い指導・支援の充実を図っていくことが求められているといえます。

①　ICT 機器等の活用の意義

　ICT とは、Information and Communication Technology の頭文字をとった言葉で、日本語の意味としては情報通信技術ということになります。そして、ICT 機器と一口で言ってもその種類は多く、多様化しており、教育現場において、一人ひとりの児童生徒の実態に応じて適切に選択するとともに、必要に応じて機器の変更・調整（カスタマイズ）をしたり、スイッチ等の入力支援機器を活用したりして、効果的な指導や分かる指導の展開、QOL の改善を図っていく必要があります。

　例えば、情報に関する ICT 機器については、出力系と入力系の２種類に大別できます。出力系であれば、プロジェクタや大型ディスプレイ、電子黒板等があげられますし、入力系であれば、書いたものや印刷したものを出力系に映し出す実物投影機、デジタルカメラ、デジタルテレビ、視線入力装置等の入力支援機器があげられます。また、日常生活の中に浸透してきているスマートフォンやタブレット端末、パソコンは入力も出力も可能な ICT 機器といえます。

　タブレット端末が普及し、学校にも導入が進んでいる中で、その有効な活用方法が報告され、めざましい効果を上げる例も少なくありません。身近にいる人とのコミュニケーション手段として活用したり、学習コンテンツを活用したり、遠く離れた人との通信手段として活用したりとその使用方法も多岐にわたっています。そうなると、どの児童生徒もタブレット端末を使えば学習効果が上がるのではないか、コミュニケーション力が高まるのではないかといった安易な考え方をしてしまうかもしれません。保護者からも、子どものためにとにかくタブレット端末を使ってほしいという相談を受けることも少なくありません。しかし、大切なのは、ICT 機器は学習における教材・教具であり、教師は児童生徒の実態に応じて選択し、活用していくということです。コミュニケーション力を伸ばすために、児童生徒の実態によっては、手話のようなボディコミュニケーション手段が有効な場合もあるでしょうし、絵カードを活用した方が良い場合もあるでしょう。はじめに ICT 機器があるのではなく、最も効果的なツールとして考えられるものが ICT 機器なのであれば積極的に活用していくことが重要なのです。

② ICT 機器等の活用事例

　ICT 機器等の得意とする分野はもちろん情報通信ですが、情報通信関連の技術発展等により、その活用範囲は驚くほどのスピードで広がっています。第５世代移動通信システム（5G）は実験段階を終えて、令和元年９月から民生用（一般向け・家庭用）のプレ実施が始まり、令和２年４月からは一般サービスが本格的に始まります。また、スマートウォッチの中には、１か月近くも充電を必要としないものが出てきており、24 時間心拍数や血圧等を取り続けることも可能になってきました。さらに、服の繊維にセンサーを織り込んで、24 時間 5G 回線を通してバイタルデータ等をモニターすることも可能になるなど、物がインターネットのようにつながり、必要な情報を交換することも可能になってきています（IoT: Internet of Things、物のインターネット）。このような情報通信に関する発展に加え、Virtual Reality（VR、仮想現実）や Augmented Reality（AR、拡張現実）等についてもゲームを中心とした活用から効果的なトレーニングや研修、図鑑や博物館・動物園等での活用など、活用の範囲が大きく広がってきています。

　このように、ICT 機器等が大きく発展し活用の範囲が広がってきているにもかかわらず、学校現場においては ICT 機器等の活用方法についてなかなか情報が共有されず、目の前にいる児童生徒のためにどんな機器を使い、どんな使い方をしたらよいか迷っている教師も多くいるのが現状です。具体的な ICT 機器を活用した指導実践例は、第２章第３節、第４節にも記載していますので、参考にしてください。

　ここでは、新学習指導要領に示された、「間接体験」「疑似体験」「仮想体験」について解説し、それらの活用事例をあげます。

【間接体験】

　書籍や映像、会話などから他の人が経験した情報を間接的に得ることをいいます。ICT 機器等を活用した事例としては、病室ではなかなかできない理科の実験などを学習ビデオ教材で学んだりすることや、前籍校の授業を映像で記録したものを視聴することなどがあげられます。

【疑似体験】

　現実には体験していないものの、本物に近い感覚で体験できることをいいます。電車や自動車の運転のシミュレーション装置などはその代表例ですが、病弱教育においても様々な取り組みがされています。Web 会議システムを使った遠隔社会見学などはその例です。実際には病気等で行けない社会見学に他の児童生徒がタブレット端末を持って社会見学に参加し、お互いにコミュニケーションをとりながら様々な施設の見学や体験を行っています。

【仮想体験】

　コンピュータによって作られた仮想的な世界をあたかも現実のように体験して

いくことをいいます。Virtual Reality（仮想現実）といわれるものを体験することです。ゲームの世界ではかなり普及しており、少し大きなゴーグルやセンサーの付いたグローブなどを身に付けて仮想現実を体験するものです。学習場面にも活用できる様々なコンテンツが用意されており、海の中や遊園地に行って、魚と一緒に泳いだり、ジェットコースターに乗ったりする体験ができるものがあります。

③　今後の展望と課題

　今まで述べたように、ICT 機器等を活用した教育活動は無限の可能性を秘めています。例えば、Web 会議システムや分身ロボットなどを利用した遠隔授業によって、入院中でも入院前にいた学校での授業を受けることが可能ですし、病室から出ることができない児童生徒も病室から教室での授業を受けることが可能になってきています。このような Web 会議システム等を活用した遠隔授業に関して文部科学省は、制度を弾力的に取り扱えるようにするため、関連法令等の改正を行うとともに、そのことを広く伝えるため通知を発出しています。また、特別支援学校の学習指導要領や同解説、教育の情報化の手引きや教育の情報化ビジョン等では、個々の児童生徒の障害の状態等に応じた活用を求めています。

　特に、障害者の権利に関する条約の批准や障害者差別解消法の施行に伴い、合理的配慮として ICT 機器等を効果的に活用することが求められてくると思われます。学習者用デジタル教科書の適切な使用、読みやすいフォントの使用や表示、タブレット端末でのシンボルや絵カード、文字カード等によるコミュニケーション支援、学習の基盤である日常生活や学校生活での体験不足を補うために VR や AR を活用した疑似体験、仮想体験、実技や体験活動等の指導時における個々の児童生徒の録画映像を使ったボディイメージの確立、シミュレーションにより効果的なトレーニングにつなげる等、病気や障害のある子どもにとっては有効な活用方法になります。病気の進行により様々な操作やコミュニケーションが困難になっていく児童生徒に対しては、スマートスピーカー等による音声操作、タッチやセンサースイッチによる操作、視線による操作、脳血流や脳波による操作等により家電製品のコントロールやインターネットを通しての情報を入出力するなど、今まで以上に病気の進行状況に応じて支援機器を効果的に活用していくこともできるようになってきています。

　現在活用できる技術は、アナログのものやデジタルのもの、ローテクからハイテクまで様々なものがあります。児童生徒によっては、アナログなシンボルや絵カードの方が効果的な場合もありますので、それらの活用を適切に進めていける ICT 支援員・教育情報化コーディネーターや支援技術に関する専門家等を活用することも必要になります。

　今後、学校では教職員だけでなく、これらの専門家も含めてチーム学校として

ICT機器等の活用をすすめ、今まで以上に多くの児童生徒が様々なICT機器等を活用した授業を受けられるようになることが期待されます。

　しかし、学校現場においてICT機器等を活用した学習活動を推進していくためには課題もあります。

・ICT機器を導入するための費用負担はどうするか。

・ICT機器の管理や故障対応はどうするか。

・ICT機器の特性を知りたいとき、どのように調べ、実際に使用体験するのか。

・ICT機器の操作にばかり気がとられ、児童生徒の反応を見落としてしまわないか。　等

他にも、通信環境の整備やソフト等の教材準備時間等も課題としてあげられます。これらの課題を一つ一つ解決するために、様々な公的機関、専門家・研究者や民間団体がインターネットを活用して情報を発信しています。

　国の特別支援教育の研究機関である独立行政法人国立特別支援教育総合研究所では、「特別支援教育教材ポータルサイト」を開設し、特別支援教育の教材や支援機器、学校での実践事例を紹介しています。また、「ICT及びアシスティブテクノロジーに関して」というサイトでは、関連したリンク集や、関連権等を紹介しています。

　ICT機器等の活用についての研究者や専門家、NPO法人等も、支援機器の紹介や様々な実践などを紹介するサイトを設けています。ぜひ参考にしてください。

【参考サイト】
独立行政法人国立特別支援教育総合研究所
　「特別支援教育教材ポータルサイト」http://kyozai.nise.go.jp/
　「ICT及びアシスティブテクノロジーに関して」http://www.nise.go.jp/nc/each_obstacle/info/about_ICT
NPO法人支援機器普及促進協会　http://npo-atds.org/datafile

第2章

学習指導要領を踏まえた指導

第2章3以降では、全国の病弱教育を行う学校の実践事例を掲載しています。事例により使用している用語が異なりますが、基本的には各校で使用している用語を生かしています。例えば、「前籍校」「地元校」は、いずれも現在の学校に転校する前の学校をさしています。また、制度や指導形態、入学試験、ICT機器を活用したシステム（「Web会議システム」「テレビ会議システム」等）などについては、自治体ごと様々です。掲載事例の内容が全ての自治体・学校に共通するものではないことにご留意ください。

1 特別支援学校学習指導要領 改訂の概要

　幼稚園教育要領、小学校学習指導要領、中学校学習指導要領（以下、「小学校学習指導要領等」という。）の公示から1か月経った平成29年4月28日、特別支援学校幼稚部教育要領及び小学部・中学部学習指導要領（以下、「特別支援学校小学部学習指導要領等」という。）が公示されました。これまで、特別支援学校小学部学習指導要領等は、小学校学習指導要領等の公示を受け、概ね1年遅れで公示されていましたが、今回は初めて同時に改訂作業を行いました。なお、特別支援学校高等部学習指導要領は、高等学校学習指導要領の改訂から約1年遅れの改訂になりました。

学習指導要領の変遷

昭和33～35年改訂	教育課程の基準としての性格の明確化（道徳の時間の新設、基礎学力の充実、科学技術教育の向上等）（系統的な学習を重視）	S32盲学校及び聾学校　小・中学部高等部学習指導要領　及びS35盲学校及び聾学校　高等部学習指導要領　公示（通達）S39～41　盲・聾　小学部編、中学部編、高等部編　告示S38～39　養護学校小学部及び中学部　公示（通達）
昭和43～45年改訂	教育内容の一層の向上（「教育内容の現代化」）（時代の進展に対応した教育内容の導入）（算数における集合の導入等）	昭和46～47年改訂｜盲学校・聾学校及び養護学校 小学部・中学部　告示（S46）高等部告示（S47）養護学校高等部初制定、学校種別告示（1）教育目標の明確化（2）教育課程の弾力的な編成（3）各教科の指導上の配慮事項の設定（4）精神薄弱養護学校小学部の教科の構成（5）「養護・訓練」の新設
昭和52～53年改訂	ゆとりある充実した学校生活の実現＝学習負担の適正化（各教科等の目標・内容を中核的事項に絞る）	昭和54年改訂｜盲・聾・養護学校共通の学習指導要領制定（2種類になる）（1）特殊教育諸学校共通の学習指導要領の制定（2）重複障害者等に関する特例規定の設置（3）交流教育に関する規定の設置（4）各教科の配慮事項の精選（5）養護・訓練に関する規定の精選
平成元年3月改訂	社会の変化に自ら対応できる心豊かな人間の育成（生活科の新設、道徳教育の充実）	平成元年10月改訂｜（1）幼稚部教育要領の制定（2）各教科の配慮事項の充実（3）精神薄弱養護学校の各教科の充実（4）養護・訓練の内容等の再構成（5）高等部における商業教育の充実
平成10～11年改訂	基礎・基本を確実に身に付けさせ、自ら学び自ら考える力などの[生きる力]の育成（教育内容の厳選「総合的な学習の時間」の新設）	平成11年改訂｜答申1本化、幼小中高の学習指導要領に交流に関する規定が新設、小中には特殊学級に係る規定が新設（1）授業時数の配当の弾力化（2）重複障害者等に関する教育課程編成上の特例改善（高等部の訪問教育に係る教育課程の基準を新たに設ける）（3）個別の指導計画作成（重複障害者、自立活動）（4）「自立活動」（5）高等部における職業的な自立の推進（情報や福祉に関する教科及び科目の設置、知的「流通・サービス」新設）
平成20～21年改訂	「生きる力」の育成、基礎的・基本的な知識・技能の習得、思考力・判断力・表現力等の育成のバランス（授業時数の増、指導内容の充実、小学校外国語活動の導入）	平成21年改訂｜（1）教育目標改める（2）自立活動6区分26項目（3）重複障害者等に関する教育課程の取扱い（4）知的「福祉」新設（5）個別の指導計画、教育支援計画（6）センター的機能（7）交流及び共同学習

平成29年3月	幼稚園教育要領及び小学校・中学校学習指導要領改訂
平成29年4月	特別支援学校幼稚部教育要領及び特別支援学校小学部・中学部学習指導要領改訂
平成30年3月	高等学校学習指導要領改訂
平成31年2月	特別支援学校高等部学習指導要領改訂

図1　学習指導要領の変遷

今回の学習指導要領等の改訂の基本的な考え方は次のとおりです。

○ 社会に開かれた教育課程の実現、育成を目指す資質・能力、主体的・対話的で深い学びの実現に向けた授業改善、各学校におけるカリキュラム・マネジメントの確立など、**初等中等教育全体の改善・充実の方向性**を重視。

○ 障害のある子供たちの学びの場の柔軟な選択を踏まえ、**幼稚園、小・中・高等学校の教育課程との連続性**を重視。

○ 障害の重度・重複化、多様化への対応と卒業後の自立と社会参加に向けた教育の充実。

（1）改訂の背景

　これまでの学習指導要領等は、時代の変化や子どもたちの状況、社会の要請等を踏まえて、おおよそ10年ごとに改訂されてきました。今回の改訂は、次の改訂が行われるであろう2030年頃の社会を想定して作成されています。改訂に向けて報告された「幼稚園、小学校、中学校、高等学校及び特別支援学校の学習指導要領等の改善及び必要な方策等について（答申）平成28年12月21日中央教育審議会」（以下、「中教審答申」という。）には、「解き方があらかじめ定まった問題を効率的に解いたり、定められた手続を効率的にこなしたりすることにとどまらず、直面する様々な変化を柔軟に受け止め、感性を豊かに働かせながら、どのような未来を創っていくのか、どのように社会や人生をよりよいものにしていくのかを考え、主体的に学び続けて自ら能力を引き出し、自分なりに試行錯誤したり、多様な他者と協働したりして、新たな価値を生み出していくために必要な力を身に付け、子供たち一人一人が、予測できない変化に受け身で対処するのではなく、主体的に向き合って関わり合い、その過程を通して、自らの可能性を発揮し、よりよい社会と幸福な人生の創り手となっていけるようにすることが重要である」と示されています。社会の変化は加速度を増し、2030年頃の社会は予測困難な時代といわれていますが、新しい力を求めるということではなく、中教審答申にあるように「様々な情報や出来事を受け止め、主体的に判断しながら、自分を社会の中でどのように位置付け、社会をどう描くかを考え、他者と一緒に生き、課題を解決していくための力の育成が社会的な要請」であり、各学校において、学校教育が長年「生きる力」の育成として目指してきたものを継承し、学校教育の中核となる教育課程の改善を図るために、学習指導要領等の枠組みを大きく見直しています。

　特別支援教育については、近年、特別支援学校だけでなく、幼稚園や小学校、中学校、高等学校等において発達障害を含めた障害のある幼児児童生徒が学んでおり、特別支援教育の対象となる幼児児童生徒数は増加傾向にあります。

　平成26年に批准した「障害者の権利に関する条約」には、人間の多様性の尊重等を強化し、障害のある者がその能力等を最大限に発達させ、社会に効果的に参加することを可能とするため、障害のある者と障害のない者とが共に学ぶ仕組

みとして「インクルーシブ教育システム」の理念が提唱されています。

　「共生社会の形成に向けたインクルーシブ教育システム構築のための特別支援教育の推進（報告）」（平成24年）には、「小・中学校における通常の学級、通級による指導、特別支援学級、特別支援学校といった、連続性のある「多様な学びの場を用意しておくことが必要である。」と示されています。そのような背景から、前述の基本的な考え方の2つ目に、教育課程の連続性が示されているのです。

　このような背景と、幼児児童生徒の障害の重度・重複化、多様化への対応と卒業後の自立と社会参加に向けた教育の充実を図るため、特別支援学校幼稚部教育要領、小学部・中学部・高等部学習指導要領が改訂されました。

（2）前文の創設

　ここでいう前文というのは、法令の条項の前に置かれる文章です。その法令の制定に至った経緯や背景、法令の基本的な趣旨や目的、制定に至るまでに込められた関係者の思いや決意などがまとめられていることが多く、法令制定の理念や理想を明らかにすることにより、その法令をどう読み解き適応していくべきかという当該法令の全般に関わる解釈の基準や規定の運用方針を示すことを目的としています。今回、新たに設けられた中教審教育課程企画特別部会で、新しい学習指導要領等の理解を広げていくための工夫として、今回の議論がどのような教育の在り方を目指してきたのか、経緯や理念を学習指導要領等本体に何らかの形で残すことはできないかという意見が出されました。そこで提案されたのが、前文の創設です。

　この前文は、小学校学習指導要領等に共通しており、目指すべきものは学校種にかかわらず同じであるという今回の同時改訂の趣旨を明確にしています。

　前文は大きく3つの段落で構成されています。

① 　教育基本法に規定する教育の目的や目標の明記とこれからの学校に求められること

　学習指導要領等は、法令に基づき国が定める教育課程の基準ですので、最初に平成18年の教育基本法の改正により明確になった教育の目的及び目標が示されています。

② 　「社会に開かれた教育課程」の実現を目指すこと

　それぞれの学校において、必要な学習内容をどのように学び、どのような資質・能力を身に付けられるようにするのかを教育課程において明確にしながら、「社会に開かれた教育課程」の実現が重要となることが示されています。

③ 　学習指導要領等を踏まえた創意工夫に基づく教育活動の充実

　学習指導要領等は教育課程の基準を大綱的に定めるものであり、各学校は、学習指導要領等を踏まえ、創意工夫に基づく教育活動の更なる充実を図っていくこ

とが重要であることが示されています。

　「社会に開かれた教育課程の実現」を掲げている今回の小学校学習指導要領等ですが、前文に示された改訂の理念を踏まえ、学習指導要領等が学校、家庭、地域の関係者が幅広く共有し活用できる「学びの地図」として役割を果たすことが求められています。

> **＜社会に開かれた教育課程＞**
> ①　社会や世界の状況を幅広く視野に入れ、よりよい学校教育を通じてよりよい社会を創るという目標を持ち、教育課程を介してその目標を社会と共有していくこと。
> ②　これからの社会を創り出していく子供たちが、社会や世界に向き合い関わり合い、自分の人生を切り拓いていくために求められる資質・能力とは何かを、教育課程において明確化し育んでいくこと。
> ③　教育課程の実施に当たって、地域の人的・物的資源を活用したり、放課後や土曜日等を活用した社会教育との連携を図ったりし、学校教育を学校内に閉じずに、その目指すところを社会と共有・連携しながら実現させること。

文部科学省資料

（3）総則改訂の要点

　総則とは、全体に共通して適用される原則のことです。つまり、小学校学習指導要領等の総則には、学習指導要領等全体に係る原則が示されています。改訂の意義、何を目指して学校の教育計画である教育課程を編成するのか等、この総則を理解した上で指導することが求められます。

① 　資質・能力の育成を目指す「主体的・対話的で深い学び」の実現に向けた授業改善（図２）

　今回の改訂では、各学校が創意工夫を生かした特色ある教育活動を展開する中で、確かな学力、豊かな心、健やかな体という、知・徳・体のバランスのとれた「生きる力」の育成が図られるようにするために、学校教育全体を通して、児童生徒の障害の状態や特性及び心身の発達の段階等を踏まえつつ、次に掲げる資質・能力の三つの柱の育成がバランスよく実現されるようにすることが重要であると示されています。

　・「知識及び技能」の習得

　・「思考力、判断力、表現力等」の育成

　・「学びに向かう力、人間性等」の涵養

　各教科等の目標や内容を、この資質・能力の三つの柱に沿って示すことで、指導のねらいを明確化する手掛かりとして活用しやすくなっています。

　また、知的障害者のための各教科等においても、同様の三つの柱に沿って再整理しています。

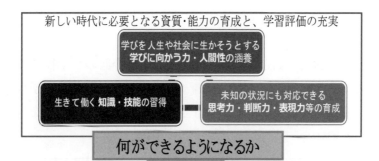

新しい時代に必要となる資質・能力の育成と、学習評価の充実

学びを人生や社会に生かそうとする
学びに向かう力・人間性の涵養

生きて働く 知識・技能の習得

未知の状況にも対応できる
思考力・判断力・表現力等の育成

何ができるようになるか

よりよい学校教育を通じてよりよい社会を創るという目標を共有し、
社会と連携・協働しながら、未来の創り手となるために必要な知識や力を育む
「社会に開かれた教育課程」の実現

各学校における「**カリキュラム・マネジメント**」の実現

何を学ぶか

どのように学ぶか

新しい時代に必要となる資質・能力を踏まえた
教科・科目等の新設や目標・内容の見直し

小学校の外国語教育の教科化、高校の新科目「公共
（仮称）」の新設など

各教科等で育む資質・能力を明確化し、目標や内容を
構造的に示す

学習内容の削減は行わない※

主体的・対話的で深い学び（「アクティブ・
ラーニング」）の視点からの学習過程の改善

生きて働く 知識・技能の習
得など、新しい時代に求
められる資質・能力を育成

知識の量を削減せず、質
の高い理解を図るための
学習過程の質的改善

深い学び
対話的な学び
主体的な学び

※高校教育については、豊富な事実的知識の暗記が大学入学者選抜で問われることが課題になっ
ており、そうした点を克服するため、重要用語の整理等を含めた高大接続改革等を進める。

図2　学習指導要領改訂の方向性　　　　　　　　　文部科学省資料

②　カリキュラム・マネジメントの充実

　カリキュラム・マネジメントとは、中教審答申によれば「各学校が設定する学校教育目標を実現するために、学習指導要領等に基づき教育課程を編成し、それを実施・評価し改善していくこと」であり、学習指導要領には「教育課程に基づき組織的かつ計画的に各学校の教育活動の質の向上を図っていくこと」と示されています。

　総則の構成をカリキュラム・マネジメントの流れに沿って並び替えている点が今回の改訂のポイントの一つです。改訂の趣旨が教育課程の編成や実施に生かされるよう、「何ができるようになるか」（第1節、第2節）、「何を学ぶか」（第3節）、「どのように学ぶか」、「何が身に付いたか」（第4節）、「児童生徒一人一人の調和的な発達をどのように支援するか」（第5節）、「実施するために何が必要か」（第6節）の順に構成されています。これは、小学校学習指導要領等と共通です。

③　児童生徒の調和的な発達の支援、家庭や地域との連携・協働

　児童生徒一人ひとりの調和的な発達を支える視点から、学級経営、児童生徒指導やキャリア教育の充実について示されています。また、言語能力、情報活用能力、問題発見・問題解決等の学習の基盤となる資質・能力や、豊かな人生の実現や災

害等を乗り越えて次代の社会を形成することに向けた現代的な諸課題に対して求められる資質・能力を、教科等横断的な視点から教育課程の編成を図るものです。

④　重複障害者等に関する教育課程の取扱い（図３）

　特別支援学校の小学部・中学部・高等部に在籍する全ての児童生徒は、学習指導要領第２章以下に示す各教科等に加えて、自立活動を取り扱うことが前提となっています。その上で、児童生徒一人ひとりの障害の状態等を考慮しながら、教育課程の編成について検討を行うために、「重複障害者等に関する教育課程の取扱い」が設けられています。「特に必要がある場合」とあるように、各教科等の各学年の目標や内容の一部又は全部を、当該学年より前の各学年の目標や内容の一部又は全部に替えることは、重複障害者でも活用できる規定です。このように、最初から既存の教育課程の枠組みに児童生徒を当てはめて考えるのではなく、個々の児童生徒が前学年までに各教科等の何を目標に学び、どの程度の達成水準なのかなど、第２章以下に示す各教科等のそれぞれの目標及び内容に対し、一人ひとりの学習状況等の把握に努め、教育課程を編成することが求められています。

　今回の改訂においては、そのことをより明確にするため、これまで各教科等の目標や内容の「全部又は一部によって、替えることができる」としていたところを、「一部又は全部によって、替えることができる」と段階的に示されています。各教科等の目標及び内容と、児童生徒の障害の状態やこれまでの学習状況等とを照らし合わせて、全てを替えることが適切なのか、一部取り扱うことができる目標及び内容はないのか等について検討する必要があります。

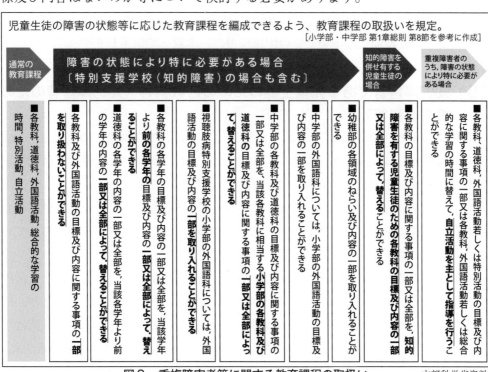

図３　重複障害者等に関する教育課程の取扱い　　文部科学省資料

　例えば、知的障害者のための各教科等のうち、小学部国語1段階の［思考力、判断力、表現力等］の「A　聞くこと・話すこと」「ア　教師の話や読み聞かせに応じ、音声を模倣したり、表情や身振り、簡単な話し言葉などで表現したりすること。」や、同算数1段階内容の「A　数量の基礎」「ア（ア）㋐　具体物に気付いて指を差したり、つかもうとしたり、目で追ったりすること。」などは、自立活動を主とした教育課程の中でも行っているかもしれません。障害の程度が重いから自立活動を主とした教育課程と決めるのではなく、知的障害者のための各教科等を参考にして検討することも重要です。児童生徒一人ひとりの実態を把握し、各教科等の目標及び内容を踏まえて、カリキュラム・マネジメントの視点で、さらにどのような内容を、どれくらいの時間をかけて指導するかを検討することが求められます。

（4）視覚障害者、聴覚障害者、肢体不自由者又は病弱者である児童（生徒）に対する教育を行う特別支援学校小学部（中学部）の各教科及び高等部の各教科・科目

　特別支援学校に在籍する児童生徒のうち、知的障害を伴わない児童生徒については、小学校学習指導要領第2章、中学校学習指導要領第2章及び高等学校学習指導要領第2章に示されている教科（教科・科目）に準ずることとされています。この「準ずる」とは、原則として同一ということを意味していますが、各教科の目標及び内容等が同じであるとしても、そこには児童生徒の障害の状態や特性及び心身の発達の段階等を十分に考慮しなければなりません。そこで、各障害種別に各教科を学ぶ上での配慮事項が5〜6項目あげられています。「病弱者である児童（生徒）に対する教育を行う特別支援学校」での配慮事項は、本章2で解説します。

（5）知的障害者である児童生徒のための各教科等（知的障害者のための各教科等）

　特別支援学校（知的障害）の教育課程については、知的障害の状態を踏まえ、学校教育法施行規則第126号第2項等において、小学校等の教育課程とは別に規定しています。それが、知的障害者のための各教科等です。

　今回の改訂では、小学校等の各教科等同様、知的障害者のための各教科等の目標及び内容について、育成を目指す資質・能力の三つの柱に基づき整理されています。

　知的障害者のための各教科等は小学校や中学校と異なり、学年別ではなく段階別に示されています。これは、対象とする児童生徒の学力や学習状況などが、同一学年であっても、個人差が著しく大きいことによります。これまで中学部は1段階のみでしたが、2段階目が新設され、段階ごとの内容が充実されるとともに、教科ごとの指導計画の作成と内容の取扱いが新たに示されています。

個々の児童生徒の実態に即して、教科別の指導を行うほか、必要に応じて各教科、道徳科、（中学部は総合的な学習の時間）、（小学部は外国語活動）、特別活動及び自立活動を合わせて指導を行うなど、効果的な指導方法を工夫する必要がありますが、その際、各教科等において育成を目指す資質・能力を明らかにし、各教科等の内容間の関連を十分に図ることが必要です。

（６）自立活動

　自立活動は、個々の幼児児童生徒が自立を目指し、障害による学習上又は生活上の困難を主体的に改善・克服するために必要な知識・技能、態度及び習慣を養い、もって心身の調和的発達を培うことを目標（ねらい）としています。今回の改訂では、従前の内容で示されていた６区分26項目について、区分は変えずに１項目増やして６区分27項目とし、〔第２内容　１健康の保持〕に「(4)障害の特性の理解と生活環境の調整に関すること。」が新設されています（表１）。これは、連続性のある多様な学びの場において、発達障害を含めた障害のある幼児児童生徒の多様な障害の種類や状態等に応じた指導を一層充実するために追加されたものです。幼児児童生徒が自分の障害の特性や、それらが学習上又は生活上の困難にどう関連しているのか等を理解することと、その状況に応じて、自分の行動等を調整したり、自ら生活環境に主体的に働きかけたりして、より学習しやすく過ごしやすい環境を整える力を育むことを意味しています。

表１　自立活動の内容の６区分27項目について

1　健康の保持	(1) 生活のリズムや生活習慣の形成に関すること。 (2) 病気の状態の理解と生活管理に関すること。 (3) 身体各部の状態の理解と養護に関すること。 (4) 障害の特性の理解と生活環境の調整に関すること。 (5) 健康状態の維持・改善に関すること。
2　心理的な安定	(1) 情緒の安定に関すること。 (2) 状況の理解と変化への対応に関すること。 (3) 障害による学習上又は生活上の困難を改善・克服する意欲に関すること。
3　人間関係の形成	(1) 他者とのかかわりの基礎に関すること。 (2) 他者の意図や感情の理解に関すること。 (3) 自己の理解と行動の調整に関すること。 (4) 集団への参加の基礎に関すること。
4　環境の把握	(1) 保有する感覚の活用に関すること。 (2) 感覚や認知の特性についての理解と対応に関すること。 (3) 感覚の補助及び代行手段の活用に関すること。 (4) 感覚を総合的に活用した周囲の状況についての把握と行動に関すること。 (5) 認知や行動の手掛かりとなる概念の形成に関すること。
5　身体の動き	(1) 姿勢と運動・動作の基本的技能に関すること。 (2) 姿勢保持と運動・動作の補助的手段の活用に関すること。 (3) 日常生活に必要な基本動作に関すること。 (4) 身体の移動能力に関すること。 (5) 作業に必要な動作と円滑な遂行に関すること。
6　コミュニケーション	(1) コミュニケーションの基礎的能力に関すること。 (2) 言語の受容と表出に関すること。 (3) 言語の形成と活用に関すること。 (4) コミュニケーション手段の選択と活用に関すること。 (5) 状況に応じたコミュニケーションに関すること。

※下線部分は今回の改正箇所

　特別支援学校学習指導要領解説自立活動編（以下、「自立活動解説編」という。）には、実態把握から指導内容の設定までの流れについて、考える上での観点が「流れ図」として詳しく示されています（図４）。また、自立活動解説編には障害種別の例示がこれまでよりも多く記載されました。特別支援学校で指導する教師のさらなる理解推進を図ることは当然ですが、通級による指導を行う小・中・高等学校の教師が、障害による学習上又は生活上の困難を改善・克服するための指導を考える際に役立つと思います。

　自立活動解説編の病弱教育の流れ図（解説編　図９）で特徴的なのは、不調期（入院初期を含む）、安定期、移行期と、時期を分けて考えているところです。病気の子どもの状況はいつも同じではなく、治療の状況等によっても変わってきます。そこを把握して、適宜適切な指導を行うことも、病弱教育に携わる教師に求められる力です。

　自立活動解説編の27項目の具体的指導内容例と留意点（②）や他の項目との関連例（③）には、様々な病気の例示があります。例えば、以下のものなどが示されています。

糖尿病、二分脊椎、進行性疾患や小児がん （1健康の保持 (2) ②）
筋ジストロフィー　（1健康の保持 (3) ③）（2心理的な安定 (3) ②）
　　　　　　　　　（5身体の動き (1) ②）
心臓疾患　　　　　（1健康の保持 (5) ③）（5身体の動き (4) ②）
白血病　　　　　　（2心理的な安定 (1) ②）（3人間関係の形成 (2) ③）
心身症　　　　　　（2心理的な安定 (1) ③）
選択性かん黙　　　（2心理的な安定 (2) ②）

　また、病名ではなく、下記のような例があげられるなど、状態像からも参考にできる項目が多くなっています。これはあくまで例示なので、流れ図の考え方を参考に、児童生徒の状態に応じた目標、内容（6区分27項目）を選択し、具体的な指導内容を定め、個別の指導計画を作成・活用し、指導しながらPDCAサイクルで評価・改善することを通して、障害による学習上又は生活上の困難を改善・克服するための指導を展開していくことが大切です。

障害が重度で重複している幼児児童生徒 （2心理的な安定 (1) ②）
　　　　　　　　　　　　　　　　　　　（4環境の把握 (1) ②③）
　　　　　　　　　　　　　　　　　　　（5身体の動き (2) ③）
進行性の病気の幼児児童生徒や入院中の幼児児童生徒
　　　　　　　　　　　　　　　　　　　（6コミュニケーション (4) ③）
入院中の幼児児童生徒　　　　　　　　　（6コミュニケーション (5) ③）

学部・学年	中学部・第2学年
障害の種類・程度や状態等	病弱・学校生活への不適応により不登校となる。心身症による身体症状が見られるため，入院して特別支援学校（病弱）に転校
事例の概要	自己理解を深め，自尊感情を高めることを目指した指導

① 障害の状態，発達や経験の程度，興味・関心，学習や生活の中で見られる長所やよさ，課題等について情報収集

- 心身症の一つである摂食障害（神経性無食欲症）の診断を受け，入院している。
- 小学生の時は甘いものが好きで，将来パティシエになりたいと思っていた。
- 食べることが好きで，徐々に体重が増加し周りからからかわれた。
- 太ることへの恐怖心が湧き，食べることを拒否しているが，食べたい気持ちがあり，状況に関係なく食べ物の話を繰り返す。
- 容姿を過度に気にするため，授業中でもたびたび鏡を見る。
- 不眠が続き，欠席がちになり中学校1年の秋ごろから不登校となる。
- 中学校では学習が遅れがちになり，登校した時には集団の動きから遅れたり，失敗を繰り返したりし，徐々に自尊感情が低下した。
- 小学校では友人も多かったが，中学校に入ると自尊感情の低下に伴い，人との直接の関わりを避けるようになった。
- 不登校により全体的に学習が遅れがちであり，文字の読み書きは小学校3年生程度である。
- 几帳面な性格であるため，達成できないことがあると落ち込み，話をしなくなる。

②－1 収集した情報（①）を自立活動の区分に即して整理する段階

健康の保持	心理的な安定	人間関係の形成	環境の把握	身体の動き	コミュニケーション
・自分の病気が正しく理解できていない。 ・必要な食事量が摂取できない。 ・不眠が続いている。	・太ることへの恐怖感がある一方，繰り返し話題にする。 ・容姿を過度に気にする。 ・達成できないことがあると落ち込んで，話をしなくなる。	・周囲の視線を過剰に意識しており，容姿だけでなく，学習が遅れていることや集団の動きについていけないことも気にしている。 ・自尊感情の低下に伴い，人との（直接の）関わりを避ける	・学年相当の文字の読み書きが難しい。		・会話はできるが，対面して話すことを避ける。

②－2 収集した情報（①）を学習上又は生活上の困難や，これまでの学習状況の視点から整理する段階

- 太ることへの恐怖や容姿が過度に気になり，食事を摂ることができない。（健）（心）（人）
- 不眠により生活リズムが乱れ学校に通うことが困難。（健）
- 文字の読み書きが困難であり，文字を読み飛ばしたり，行を間違えたりすることがある（小学校3年生程度）。（環）
- 失敗経験が自尊感情の低下につながり，人との関わりを避けている。（心）（人）（コ）

②－3 収集した情報（①）を〇〇年後の姿の観点から整理する段階

- 将来はパティシエを養成する専門学校へ進学したいと言っている。（健）（心）
- 症状に影響する不安やストレスを自ら認知し，適切に対応することが難しい。（健）（心）
- 心身の日々の変化を把握し，必要に応じて周囲の人に支援を求めることが難しい。（健）（心）（人）（コ）
- 自尊感情が低く，人との（直接的な）関わりを避ける（心）（人）（コ）

③ ①をもとに②－1，②－2，②－3で整理した情報から課題を抽出する段階

- 睡眠時間や食事の摂取に課題がある。（健）（心）
- 読み書きに対する苦手意識があり，限られた時間内に活動できないなど学習上，生活上の困難がある。特に読みについては，文字を読み飛ばしたり，行を間違えたりすることから，詳しく視覚能力についての状態をみる必要がある。（健）（心）（人）（環）
- 自尊感情の低下により，活動が消極的になったり人と直接関わることを避けたりする。（心）（人）（コ）

図4 「流れ図」（病弱）（抜粋）

2 病気の状態に応じた指導の工夫

（1）病弱者である児童（生徒）に対する教育を行う特別支援学校小学部（中学部）の各教科及び高等部の各教科・科目

　各教科を学ぶ上での配慮事項は、以下の6項目が示されています。(1)～(5)までは一部改訂であり、(6)は新設です。

① 指導内容の精選等

> (1)　個々の児童（生徒）の学習状況や病気の状態、授業時数の制約等に応じて、指導内容を適切に精選し、基礎的・基本的な事項に重点を置くとともに、指導内容の連続性に配慮した工夫を行ったり、各教科等（高等部は「各教科・科目等」）相互の関連を図ったりして、効果的な（高等部は「系統的、発展的な」）学習活動が展開できるようにすること。

　下線部は、前学習指導要領（平成21年告示）からの変更事項です。

　文頭に「個々の」が追加されています。「重複障害者等に関する教育課程の取扱い」の中で、特に必要があるときには実情に応じた授業時数を適切に定めることになっていますが、これは個々の児童生徒の実情に応じた弾力的な取扱いができるようにするための規定であって、学校としての授業時数を確保することは前提です。そのため「一人一人の」ということを明らかにするために「個々の」ということばが追加されています。

　また、「授業時数の制約や病気の状態等」の「等」に含まれていた「学習状況」が明記されています。これは、入院や治療、体調不良等のため学習時間の制約や学習できない期間があるために学びが定着しなかったり、活動の制限等により学習の基礎となる体験が不足していたり、転校により前籍校での学習の進度が異なっていたりと、児童生徒それぞれ状況が違うので、「学習状況」を把握することが大切であることから、ここに明記されています。

　「指導内容の精選」ですが、治療の関係で学習時間に制限等がある場合には、単元の全てを取り扱うことはできないので、基礎的・基本的な事項を習得させることで精選を図り、後に制限が緩和されたら、残りの部分を他教科（他教科・科目）に関連させながら学習するなど、指導内容の精選、時間の精選により、教科（教科・科目）の目標を達成できるよう指導する工夫が必要です。例えば、国語の新出漢字をその場で覚えさせようと何度も書かせるのではなく、生活科や理科、社会科等の別の教科の中で扱いながら、書いたり意味を理解させたりするなど、他

教科との関連を考慮しながら精選を図る工夫が必要です。

　学習にあたっては、これまで習得してきた内容を把握することがまず大切です。病気の児童生徒は、入院以前も体調不良等で前籍校を欠席していた可能性があり、その場合は学んでいない単元等の学習の空白と、学んでいない時間の空白があるかもしれません。また、それらにより学習が継続できず、学んだことが定着していない可能性もあります。

　例えば「かけ算はやったよ（学んだよ）」と児童が言っても、もしかしたら数段のかけ算だけだったかもしれません。教師は順番に各段を習得させていきますが、学ぶ側の児童は全体像を把握しているわけではないので、２の段を学んだ、５の段を学んだ以降に欠席が続いても、本人は「かけ算できるよ」と言うかもしれません。病気の児童生徒は、できていないこと、学んでいないことをはっきり口にすることをためらいます。それは、病気によってできないこと、できていないことが多いからです。教師はそれを理解した上で、どこまで学んでどこまで定着しているか、児童生徒の自尊感情に考慮しながら、把握した上で学習を進めていくことが大切です。

② 　自立活動の時間における指導との関連

> （2）　健康状態の<u>維持や管理、改善</u>に関する内容の指導に当たっては、（高等部は「<u>主体的に</u>」）<u>自己理解を深めながら学びに向かう力を高めるために</u>、自立活動における指導との密接な関連を保ち、学習効果を一層高めるようにすること。

　病気を治すのは医療ですが、体調を良い状態に維持することや、睡眠をしっかりとること、疲れたら休憩する等の予防的な観点については、病気の児童生徒が自ら意識し、意欲的に取り組んでいくことが重要です。

　病気の児童生徒が、小学部の体育科や中学部の保健体育科、小学部の家庭科や中学部の技術・家庭科、高等部の保健や生物基礎、家庭基礎、家庭総合等において、健康な生活や病気の予防等に関する内容を学ぶ場合には、健康の維持や管理、改善に向けて、自立活動の時間の指導と関連づけ、学習効果を一層高めることが大切です。

　また「自己理解を深めながら学びに向かう力を高めるために」については、小・中学校等と同じ各教科を学ぶことができる児童生徒に対し、病気だから教科の学習ではなく自立活動をすればいい、というような誤解がないように、このような表現になっています。病気の種類や病状に限らず、児童生徒の学びに向かう力は大切です。学ぶことによって意欲や希望も生まれます。「病気だから」と大人があきらめるのではなく、病気のときだからこそ、その年齢、その学年にふさわしい学びができるよう、配慮して学ぶ機会をつくることが大切です。健康状態の維持や管理、改善に留意しながら、学ぶ意欲を育む指導ができるよう、（1）の指導

内容の精選等と合わせて、適切に対応することが必要です。

③　体験的な活動における指導方法の工夫

> （3）　体験的な活動を伴う内容の指導に当たっては、児童（生徒）の病気の状態や学習環境に応じて、<u>間接体験や疑似体験、仮想体験等を取り入れるなど</u>、指導方法を工夫し、効果的な学習活動が展開できるようにすること。

　今回の改訂は、これからの 10 年間の世の中の動き、情報社会の進歩を見通しているので、「間接体験や疑似体験、仮想体験等を取り入れるなど」が加えられました。

　例えば「仮想社会を現実世界のように体感できる VR（Virtual Reality）の技術」ですが、360 度カメラを使って様々な角度から動物園の動物を観察したり、博物館の展示物やその他の文化財等を VR を使って詳しく見たりすることなどが考えられます。入院中の児童生徒は、動物園や博物館へ行って実際に観察することが難しいなど、活動の制限があります。これまでは、図鑑やビデオ教材などで学んできましたが、ICT 機器等の活用によって、自分が見たい場面を映像を通してあたかもその場にいるように見ることができます。インターネットで美術館の VR 映像が公開されているサイトもあります。病気のために出かけられない児童生徒がより体験的に学べるように工夫することが大切です。

　また、次のような間接体験、疑似体験が考えられます。

・病室内で火気の使用はできないので、そのような実験を扱う場合は、Web サイトにある実験の様子を見て間接体験をする、またはタブレット端末で実験シミュレーションアプリを操作することで疑似体験をする。

・小学校 3 年社会科で地域のことを調査する「まちたんけん」を扱う場合は、360 度カメラを活用するなど、病気のために出かけられない児童生徒がより体験的に学べるように工夫する。また、Web 会議システム等を活用して地域の人から話を聞くなどの間接的な体験をする。

・病室内ではなかなか身体を動かせないので、体育科では体感型アプリ等を利用してスポーツの疑似体験を行う。

など、指導方法を工夫して、体験的な学びを通して学習効果を高めるようにすることが大切です。

④　補助用具や補助的手段、コンピュータ等の活用

> （4）　児童（生徒）の身体活動の制限や<u>認知の特性、学習環境等</u>に応じて、<u>教材・教具や入力支援機器等</u>の補助用具を工夫するとともに、コンピュータ等の情報機器などを有効に活用し、指導の効果を高めるようにすること。

　これまでの「身体活動の制限の状態等」の「等」に含まれていた「認知の特性、

学習環境」を明記し、「入力支援機器」や「情報機器」を有効活用することで指導の効果を高めるよう表現が加えられています。

　学習指導要領解説には「高次脳機能障害や小児がんの晩期合併症などにより認知上の特性がある児童生徒」として、その指導に当たっては、認知の特性や興味・関心、発達の段階も含め、実態に応じて教材教具や入力支援機器及び補助用具などを工夫することが大切であると示されています。

　授業は、教師が児童生徒と対面して指導することが前提であり、病気療養中でもそのような機会を確保する必要があります。しかし、病室から出ることのできない児童生徒は、病室内で教師と一対一で学習するだけでは、児童生徒同士の関わりをとおした学習を深めることができません。そのようなときに、Web 会議システムを活用して同年代の児童生徒と交流することなども有効な指導方法です。

⑤　負担過重とならない学習活動

> (5)　児童（生徒）の病気の状態等を考慮し、学習活動が負担過重となる又は必要以上に制限することがないようにすること。

　この項目では、これまでの内容に「必要以上に制限することがないようにすること」が加えられています。

　これは、個々の児童生徒の病気の特性を理解し、日々の病状の変化等を十分に考慮した上で、学習活動が負担過重にならないようにすることは必要ですが、可能な活動はできるだけ実施できるように学校生活管理指導表などを活用して適切に配慮し、必要以上に制限しないことを示すために追加されているものです。それには、医療との連携は必須であり、教師の「何かあったら大変」という思い込みのみで児童生徒の活動を制限することがないよう、どうしたらできるかを考え、チームで取り組むことが大切です。学習指導要領解説には、疾患別の例が示されています。

⑥　病状の変化に応じた指導上の配慮

> (6)　病気のため、姿勢の保持や長時間の学習活動が困難な児童（生徒）については、姿勢の変換や適切な休養の確保などに留意すること。

　これは、新設の項目です。

　病気といっても、その治療方法、生活規制（生活管理）等は、個々の病気により異なります。進行性の疾患は日々病状が変化することがあり、急性疾患は入院の初期・中期・後期で治療方法等が変わることがあります。病気の状態等に応じて弾力的に対応するためには、医療との連携により、最新の情報を共有して適宜、健康観察を行い、病状や体調の変化を見逃さないようにする必要があります。また、児童生徒が体調の変化に気づき自ら対処を求めるなど、自己管理が重要であることから新設されています。

（2）教育機会の保障

①　遠隔教育

ア）高等学校及び特別支援学校高等部

　平成27年4月、学校教育法施行規則の改正等により、全日制・定時制課程の高等学校・特別支援学校高等部の遠隔教育が制度化されました。平成26年6月の中教審高等学校教育部会審議まとめを踏まえて設置された「高等学校における遠隔教育の在り方に関する検討会議」が検討を重ね、平成26年12月に報告書が出ました。その内容を制度化したのが、平成27年4月に発出された「学校教育法施行規則の一部を改正する省令の施行等について（通知）」（以下、「27年通知」という。）です。高等学校が第289号通知、「特別支援学校高等部学習指導要領解説の一部改訂」が第195号通知になります。この2つの通知の補足として、令和元年11月26日に「高等学校等におけるメディアを利用して行う授業に係る留意事項について（通知）」（以下、「令和元年通知」という。）が発出されました。

　併せて解説します。

a）メディアを利用して行う授業（同時双方向型）の制度化

　全ての高等学校・特別支援学校高等部で可能です。多様なメディアを高度に利用して、当該授業を行う教室等以外の場所で履修させる授業（メディアを利用して行う授業）を、授業の形態の一つとして、学校教育法施行規則に位置づけています。つまり、これまで高等学校全日制・定時制課程で原則認められていなかった同時双方向型の授業が可能になったわけです。27年通知には、2つの要件が書かれており、それを満たすもので、対面により行う授業に相当する教育効果を有すると認めたもので、高等学校及び中等教育学校の後期課程の全課程の修了要件として修得すべき単位数である74単位のうち36単位以下とする制限はありますが、この制度化により、離島の高等学校に当該免許を所有している教科の教員がいなくても、遠隔教育を利用して授業を受け、単位として認められるようになりました。

　病気療養中の生徒においても、この段階では、原則として受け入れ側は教師の立会いの下で実施するものとされていましたが、「令和元年通知」により要件が緩和され、疾病による療養のため又は障害のため相当の期間学校を欠席すると認められる生徒等に対し、同時双方向型の授業配信を行う場合には、受信側に教師を配置することは必ずしも要しないことが示されました。

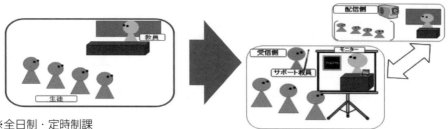

※全日制・定時制課
程における遠隔授
業については、担
当教諭の指導の下
で行う場合を除
き、原則認められ
ていなかった

○ 74 単位のうち、36 単位を上限

　※ただし、科目ごとに、一部、直接対面による授業を行う

　※特別支援学校において、修了要件が異なる場合は、その１／２未
　　満までを上限

○ 配信側教員は、担当教科の免許保持者かつ受信側高校に属する教員

> ※受信側は、原則として当該高校の教員（担当教科外でも可）
> 　の立会いの下で実施

要件の緩和

令和元年６月に取りまとめた「新時代の学びを支える先端技術活用推進方策（最終まとめ）」を
受け、**高等学校段階の病気療養中の生徒に対し**、同時双方向型の授業配信を行う場合に係る留
意事項を補足し、**受信側の教員の配置に関する要件を緩和**。

通知概要（令和元年11月26日付け元文科初第１１１４号文部科学省初等中等教育局長通知）

病室等において、**疾病による療養のため又は障害のため相当の期間学校を欠席すると認められる生徒等に対し、
同時双方向型の授業配信を行う場合には、受信側の病室等に当該高等学校等の教員を配置することは必ずしも
要しないこと**とした。

【受信側に当該高等学校等の教員を配置しない場合】

◆当該高等学校等と保護者が連携・協力し、当該生徒の
　状態等を踏まえ、**体調の管理や緊急時に適切な対応を
　行うことができる体制を整える**ようにすること。

◆**配信側の教員**は受信側の病室等で当該対応を行う者
　と連携・協力し、**当該生徒の日々の様子及び体調の
　変化を確認する**こと。

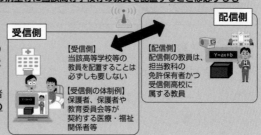

受信側
【受信側】
当該高等学校等の
教員を配置すること は
必ずしも要しない

【受信側の体制例】
保護者、保護者や
教育委員会等が
契約する医療・福祉
関係者等

配信側
【配信側】
配信側の教員は、
担当教科の
免許保有者かつ
受信側高校に
属する教員

Y=ax+b

b) オンデマンド型教育の特例の創設

　27 年通知によると、文部科学大臣の指定を受けた高等学校において、療養中
等のために通学し教育を受けることが困難な生徒に対し、特別な教育課程の編成
を可能とし、オンデマンド型の授業も実施できることとする特例制度が創設され
ました。これは従前、不登校の生徒のみを対象としていたものを、疾病により療
養中又は障害のため通学して教育を受けることが困難な生徒にも対象を拡大した
ものです。ここでいう「特別な教育課程」とは、いわゆる高等学校の通信制の教
育課程（高等学校学習指導要領解説総則編第３章第２節５　通信制の課程におけ
る教育課程の特例）を参考にしながら、添削指導、面接指導、多様なメディアを
利用した指導、試験等を踏まえて教育課程を編成することを示しています。

　実施には、学校が文部科学大臣の指定を受ける必要があります。文部科学省のホー
ムページの申請書類等様式を確認の上、文部科学大臣に申請を行ってください。

○ 通信の方法を用いた教育（オンデマンド型を含む）により 36 単位を上限として単位認定を行うことが可能
○ 対象は、疾病による療養又は障害のため通学して教育を受けることが困難な生徒のみ
※不登校生徒を対象とした既存の特例の対象を拡大するもの

c）訪問教育における遠隔教育の導入

　特別支援学校高等部における療養中及び訪問教育の対象である生徒に対する「通信により行う教育」は、これまでも添削指導及び面接指導として行われてきましたが、27 年通知により同時双方向型のメディア授業及びオンデマンド型の授業も行うことができることになりました。

　さらに、「令和元年通知」により、a）と同様、受信側の病院等に必ずしも教師を配置することは要しないこととなりました。

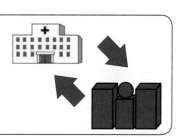

○ 修了要件のうち、1／2未満までを上限
　※ただし、科目ごとに、一部、直接対面による授業を行う
○ 対象は、療養中及び訪問教育を受ける生徒のみ
○ 同時双方向型、オンデマンド型ともに実施可能

イ）小・中学校等

　小・中学校段階の病気療養児については、対面での指導が基本であり、特に遠隔教育について言及されてきませんでしたが、平成 30 年 9 月、文部科学省より「小・中学校等における病気療養児に対する同時双方向型授業配信を行った場合の指導要録上の出欠の取扱い等について（通知）」が発出されました。そこには、「疾病による療養のため又は障害のため、相当の期間学校を欠席すると認められる児童生徒（以下、「病気療養児」という。）に対する教育（中略）の一層の充実を図るため、小学校、中学校、義務教育学校、中等教育学校の前期課程、特別支援学校の小学部・中学部（以下、「小・中学校等」という。）において、病院や自宅等で療養中の病気療養児に対して、インターネット等のメディアを利用してリアルタイムで授業を配信し、同時かつ双方向的にやりとりを行った場合（以下、「同時双方向型授業配信」という。）の指導要録上の出欠の取扱い等については（中略）校長は、指導要録上は出席扱いとすること及び当該教科等の評価に反映することができることとする。」と示されています。ただし、配信側の教師の免許状や、同時に授業を受ける児童生徒の人数など、一定の要件はあるので、注意が必要です。留意事項には、「受信側は、学校と保護者が連携・協力し、病気療養児の状態等を踏まえ、体調管理や緊急時に適切な対応を行うことができる体制を整える

こと。受信側で当該対応を行う者としては、例えば、保護者自身、保護者や教育委員会等が契約する医療・福祉関係者等が考えられること」と示されており、必ずしも教師が受信側にいなくても、同時双方向型授業配信を自宅で受け、それが指導要録上は出席扱いになります。一時退院して、自宅で療養する児童生徒は、次の入院までの学習空白を作ることなく、安心して学び、療養することができるということです。ICT機器等の環境を整えることで、教育の保障が可能になったことは、病気の児童生徒の学びにとって、大きな前進といえます。

② がん対策基本法とがん対策推進基本計画

　平成18年に「がん対策基本法」が成立し、翌年にはそれを具体化する「がん対策推進基本計画」が策定されました。その後、中間報告を経て、第二期（平成24年〜28年）の見直しが行われ、働く世代や小児へのがん対策の充実から専門医療を集約化、ネットワーク化を進めるために15拠点病院が指定されました。

　平成28年12月16日、がん対策基本法は改正されました。そこには、以下のように教育についての条文が追加されました。

> **（がん患者における学習と治療との両立）**
> 第21条　国及び地方公共団体は、小児がんの患者その他のがん患者が必要な教育と適切な治療とのいずれをも継続的かつ円滑に受けることができるよう、必要な環境の整備その他の必要な施策を講ずるものとする。

　第三期がん対策推進基本計画には、入院する高校生の学習保障について課題があると示されています。高校生支援については、喫緊の課題であり、特別支援学校のセンター的機能や、遠隔教育を活用しながら、教育機会の保障について取り組む必要があります（表2）。

表2　第三期がん対策推進基本計画

> **第三期がん対策推進基本計画**　（平成29年10月）より抜粋
> **3　尊厳を持って安心して暮らせる社会の構築**
> **（5）ライフステージに応じたがん対策**
> 　**① 小児・AYA世代について**
>
> **（現状・課題）**
> 　（中略）小児・AYA世代のがん患者の中には、成長過程にあり、教育を受けている者がいることから、治療による身体的・精神的な苦痛を伴いながら学業を継続することを余儀なくされている者がいる。しかし、小児・AYA世代のがん患者のサポート体制は、必ずしも十分なものではなく、特に、高校教育の段階においては、取組が遅れていることが指摘されている。
> 　このため、小児・AYA世代のがん患者が治療を受けながら学業を継続できるよう、入院中・療養中の教育支援、退院後の学校・地域での受入れ体制の整備等の教育環境の更なる整備が求められている。
>
> **（取り組むべき施策）**
> 　国及び地方公共団体は、医療従事者と教育関係者との連携を強化するとともに、情報技術（ICT）を活用した高等学校段階における遠隔教育など、療養中においても適切な教育を受けることのできる環境整備や、復学・就学支援など、療養中の生徒等に対する特別支援教育をより一層充実させる。

3 各校における指導事例

特別支援学校

1 教室での指導

特別支援学校では、小・中学校に準じた教育を行うが、病気による様々な制約がある中で、教科等の目標達成を目指すために、工夫して学んでいる。また、自立活動では一対一の個別学習と少人数のグループ学習を実践している。

キーワード 教科等の指導、ICT（アプリ）、少人数のグループ学習、視覚的な支援

（1）国語科の授業

　小学部の実践事例を紹介します。実態として、学校生活全般への不安が大きく、人とのかかわりや学習に消極的な様子が強く見られました。自分の気持ちや要求を言葉にして人に伝えることが苦手でした。

　また、読み書きにつまずきが見られ、教科書を読むだけではあらすじを追うことが難しい様子でした。そこで「スイミー」の学習では、海の世界観を感じられるように得意な工作活動を取り入れ、セロファンやポリエチレンテープで海の生き物をつくり、物語の世界に入り込めるようにしました。すると、割りばしの先につけたスイミーを実際に動かして海の中を泳がせ、物語の流れを捉えることができました。

図1　スイミーを泳がせる

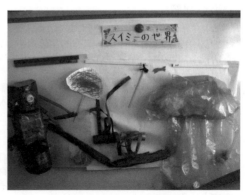

図2　スイミーの世界

次に、中学部の実践事例です。基本的に学習に対して意欲的でしたが漢字の学習に苦手意識があり、夢中になってノートに漢字をひたすら書いて練習を続けていた生徒でした。しかし、いざ小テスト等で書けない漢字があるとひどく落ち込み、その後気持ちが切り替えられない様子が見られました。

そこで、タブレット端末を使い、漢字のアプリで学習するようにしました。読みは平仮名の選択肢から文字をタップしていくことで手裏剣のように文字が並べ替えられ、楽しみながら学べました。書きは、指で直接画面に書くことができます。わからないときは画面下のボタンを

図3　アプリでの学習

押すことでヒントを見られるようにもなっているので、正解を重ねることで自信にもつながりました。

失敗を怖がり、漢字の学習が負担になっていた生徒が、授業のはじめにアプリでの学習を取り入れたことで、「受験したくない」と話していた漢字検定にも合格することができました。

（2）算数科の授業

小学部の算数科の実践事例です。実態として繰り上がりのあるたし算、繰り下がりのある引き算の計算途中でつまずきが見られ、「難しくてできない」と算数科の学習全般に対して強い不安感をもっていました。

もともと数に対する計算苦手意識が強かったため、視覚的に数を捉え自分で操作し、数の増減を体感しながら学べるように工夫しました。興味がもてるように算数セットのブロックや自分で描いたキャラクターのイラストを用いて、オリジナルのたし算、引き算問題を作って解くようにしました。また「かさ」の学習では、

図4　ブロックとキャラクターのイラスト

図5　かさの学習

本人の好きな飲み物を教材として使えるよう、主治医の許可を得た上で飲み物を家から持ってきてもらい、「コップ〇杯分か」を比較して学習するなど、興味をもって算数科の学習を行うことができました。

（3）自立活動の授業

　本校の小中学部の自立活動の時間における指導は、週2回設定されています。週に1回ずつ「個別自立」（教師と児童生徒が一対一で行う）と「グループ自立」（小集団で行う）を実施しました。

①　「個別自立」

　下表は、実際に行った「個別自立」の実践例です。児童生徒の課題を明らかにし、目標を達成できるように各担当者が活動内容を計画しました。はじめは教師や友達と話すことが苦手だった児童生徒も、活動を通して少しずつ自己開示し、楽しみながら様々な話題を共有したり協力したりする様子が見られるようになりました。

活動名	内　容
さいころトーキング	すごろくのようにマスを進めながら、マス目に書かれたテーマで話し合う
よく見て答えよう	視覚認知的なトレーニングを行う
体を動かそう	校内歩行や簡単なスポーツを行う
お話ししよう	Web会議システムアプリや情報教育機器を活用して、離れた場所にいる教室をつないでクイズを出す、簡単なゲームをする等して話す
一緒にやってみよう	テーブルゲーム、ボードゲームを少人数で行う
コラージュ、風景構成法	様々な描画、表現活動を通して、自己表現やコミュニケーションの幅を広げる
コグトレ	認知機能強化トレーニング、認知作業トレーニング、認知ソーシャルトレーニング内の様々な活動を組み合わせて行う
アサーショントレーニング	いくつかのロールプレイを行いながら、自分も相手も大切にする自己表現法（アサーショントレーニング）を学ぶ

②　「グループ自立」

　「グループ自立」では、人間関係の形成やコミュニケーションを課題とする児童生徒が多かったため、協力してゲーム活動をする中で、一人ひとりの目標が達成できるよう授業を行いました。授業の大まかな流れは以下のとおりです。

順番	活動名	内　容
1	あいさつ	
2	目標記入	個人ファイルに書き込み
3	ゲーム活動	なんでもバスケット、箱の中身あてクイズ、リズムゲーム、パスゲーム　等
4	振り返り	個人ファイルに書き込み
5	あいさつ	

図6　なんでもバスケット

図7　箱の中身あてクイズ

図8　振り返り

　授業は同じ流れで繰り返し行うことにより、安心して参加できるようにしました。ティーム・ティーチング（TT）の工夫として、各教師の役割の明確化、かかわる児童生徒の目標の共通理解に努めました。

　ゲーム活動の一つとして、「なんでもバスケット」をアレンジして行いました。はじめは「鬼になりたくない」「自分が座れないかもしれないことが不安」「不安になっている友達のために、席を譲る」という考えが先行し、ルールを守って活動に参加できない児童生徒がいました。そこで、「椅子は減らさずに全員座れるようにする」「テーマは全員が順番に言う」「たくさんの人があてはまるテーマを言って座る場所を交換する」というルールにしたところ、不安や課題が解消され、全員が協力してゲームを行うことができました。

　既存のゲームを行う場合でも、一人ひとりの目標が達成されるようグループの実態に応じた柔軟な内容変更、不安を抱えている部分を解消するようなルール設定、教師の積極的な励まし等の授業改善が有効であったと考えます。

【参考・引用】
文部科学省　特別支援学校教育要領・学習指導要領解説　自立活動編（幼稚部・小学部・中学部）
宮口幸治（2015）ゴクトレ　みる・きく・想像するための認知強化トレーニング．三輪書店

2 ベッドサイドでの指導

本事例は、行事に積極的に関わることで児童の自己肯定感の向上を目指し、そのための活動を教科横断的な視点で捉え、情報学習やICT機器を活用して学習発表会での発表へとつなげた事例である。

キーワード 行事、情報学習、ICT機器活用、教科横断的な視点

（1）取り組みについて

ベッドサイド学習では、教室に登校している児童生徒と同様に小・中学校等に準ずる教育課程で学習を行いますが、実際は児童生徒の体調や治療の過程等を考慮しながら、限られた時間での授業となっています。

本事例は、心臓疾患のある児童Aに対し、学習発表会の取り組みを教科横断的な視点で捉え、「情報学習」やICT機器を活用することで各教科の学びを確かな学力へとつなげた実践です。本取り組みで示す「情報学習」は、教科の枠を超えて情報を活用する力を伸ばす学習をさします。

① 対象児童について

児童Aは、本分教室の小学部に在籍しています。児童Aは心臓疾患があり、学年が上がる数か月前に体外設置型補助人工心臓を装着しました。移動する際は、医師等の付き添いが必要であり、教室での学習参加が難しい状況です。また、年度当初に疾患の影響から右手に軽いまひがあらわれ始めました。行事などは、医師等に事前に予定を調整してもらい、一部の時間であっても参加することを目指しています。児童Aは、長期入院や行動制限による限られた生活に伴うストレスなどから元来の明るさは影を潜めていました。学習面でも前向きに取り組みますが、まじめな性格ゆえに間違ってはいけないなどの思いにかられ自信を失い、自己肯定感が低下しているように見えました。

② 児童Aと「情報学習」

児童Aはタブレット端末で動画視聴やゲームをしていることが多く、ICT機器は好きなもの、興味のあるものの一つでした。はじめは、学習意欲の向上やまひへの支援の一部としてICT機器を用いていましたが、次第に児童Aは、ICT機器を用いた授業に意欲的になり、使い方が上達することでICT機器を利用した学習を自分の得意なことと思うようになりました。また、情報学習で身に付けた力は、他の教科でわからないことを調べるなど、活用の場が広がっていきました（図1）。

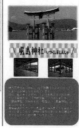

図1 「情報学習」の様子と作品

③ ICT機器・「情報学習」を用いた学習発表会の取り組み

　ベッドサイドで学習する児童Aは、発表会の準備や当日の会場での参加は困難なことが多いため、ICT機器を用いて行事に関われるように支援しました。

ア）教室と病室をつなぐ

　教室とベッドサイドをビデオ通話でつなぎ、事前学習や音楽の授業に取り組みました。多くの児童は、他の児童の姿を見ながら活動や会話をできることに喜びを感じています。時間を共有しながら学習することは、児童Aにとって共に学習して行事を作り上げているという実感につながりました。

イ）多様な参加方法

　児童Aの学習の成果や作品は、写真や動画で会場に映し出しました。パソコンやタブレット、ICレコーダーなどを使用することで児童Aが積極的に行事にかかわりをもつことができ、「行事に参加できた」という自信につなげられました。

④ 教科横断的な視点と「情報学習」

ア）学習発表会における教科横断的な視点

　学習発表会での発表内容には、各教科で学習した内容や関連した内容が多く含まれており、児童Aの学びの成果や技能を活用するために教科横断的な視点を取り入れた活動を計画しました（表1）。計画にあたっては、①各教科の学習成果を情報学習で結び付け、学

表1　学習発表会における各教科に関する内容

教科	内容	活動
国語	朗読	百人一首
算数	描画内の図形	
理科	小道具の実験	人体図
社会	歴史上の人物	時代考証
音楽	合奏	
図画工作	描画	小道具作成
外国語	英語でのセリフ	

習発表会につなげる、②児童Aの日々の学びが確かな学びとなり、社会生活で活かせるようになることを目標としました。

イ）各教科の学びと情報学習

　各教科の学習内容は情報学習やICT機器を活用して、学習発表会での発表へと結び付けました。またICT機器を用いて、教室とビデオ通話でつなぐことや写真や動画を見ることで他の児童と時間を共有し、行事参加を意識できるようにしました（表2）。

表2　学習発表会における情報学習・ICT 機器を活用した取り組み

教科	課題	使用した機器等	内容
国語	朗読	IC レコーダー 音楽編集ソフト	・朗読を録音し、プレゼンテーションソフトに音声データを貼り付ける ・長文を区切りながら録音し、編集して1つのデータにする
	百人一首の紹介	カメラ（タブレット端末） プレゼンテーションソフト	・発表に必要な札を選び、撮影する ・発表中に出てくる札の紹介をするスライドを作成する
社会	歴史上の人物の調べ学習	パソコン プレゼンテーションソフト	・発表中に出てくる人物や授業で学んだ内容を確認しながら調べる ・調べた結果を画像や単語でスライドにまとめる
図画工作	恐竜を描く	パソコン ペイントソフト	・鉛筆で下書きをしたものをスキャナーで取り込み、画像に変換し、ペイントソフトを用いて着色する
図画工作 算数	未来の道具を描く		・描画ツールを用いて、直線、図形を作品の中に描く
音楽	合奏練習	タブレット端末 ビデオ通話ソフト	・教室とテレビ電話でつなぎ、曲の練習を行う
理科	人体図 （体のつくり）	ペイントソフト プレゼンテーションソフト	・イラストとして作成していたものについて、授業で関連する内容を学習し、スライドにまとめる ・説明文をキーボード入力で行う
総合学習	振り返り学習として当日の映像を鑑賞	単焦点プロジェクター	・当日の会場の様子を知る ・病室の壁に映像を映し出し、発表中の作成したスライドやセリフを確認し、振り返りを行う

　多くの教科ではプレゼンテーションソフトを用いてスライドを作成しました。児童Aが学習したことや調べたことをまとめ、当日の発表で使用しました。授業の際は、パソコンを使用する前に児童Aと各教科で学習したことを確認し、「発表のために何が必要か。何を伝えるか」を話し合いました。イメージが定まってきたら、学習を深めたい部分、画像・イラストの調べ学習や検索を行い、発表に必要なタイトル・説明文・画像を組み合わせてスライドを作成していきました（図2）。できあがったスライドは、モニターで少し大きく映し出し、観客の視点から作り直す箇所を確認し、完成へとつなげました。

　学習発表会では、複数の教科の学習内容を1つの課題に含むことができます。その例として図画工作における絵の色着け・編集があります。児童Aがペイントソフトを使って絵を着色していく際は、算数で学習した内容を取り入れるようにしました。すると、図画工作の時間でありながら、児童A自身が「これは、算数でやったところ」などのように気付いたり、算数に関する話題や発言が出たりしました。このように、児童Aが身に付けた知識や技能が結び付き、異なる教科において活かすことができました。

図2　児童Aがプレゼンテーションソフトで作成したスライド

（2）工夫や配慮事項

　今回の取り組みを行うにあたって、授業時数が限られる中で、複数の教科のバランスを考えながら「情報学習」に取り組むことには難しい面もありました。また、「情報学習」を行う際には、市販の機器や普及しているソフトやアプリを使用することを意識しました。いつでも、どこでも、だれでも用意できるツールを用いれば、児童Aが卒業後も活用できると考えたからです。教科横断的な視点を取り入れた学習計画を実施するためには、日常的に学習内容、病状、生活の様子などの情報交換を重ねていく教師同士の連携も不可欠でした。

（3）まとめ

　ベッドサイドで学習する児童には、ICT機器や「情報学習」は欠かせないものとなっています。児童Aにとって、「情報学習」は得意なこととなり、周囲から認められることで自信をつけ、自己肯定感の高まりにつながりました。入院という心理的な負担のある中で児童Aが得意なものや好きなものを見つけたことが、大きな拠り所になりました。また、行事を教科横断的な視点で捉えた学習は、児童Aの確かな学びへとつながりました。この取り組みを通して、児童Aは行事に積極的に関わり、自身の学習の成果を多くの方に発表することができました。当初児童Aは、スライド等を使って発表することを恥ずかしがっていましたが、当日の話を聞いたり映像を見たりすることで、達成感のある表情へと変わっていきました。今回の取り組みで培った支援方法を継続し、さらに工夫することにより、他の児童の学習支援へとつなげていきたいと考えています。

【参考・引用】

全国特別支援学校病弱教育校長会（2012）病気の子どものガイドブック．ジアース教育新社
大阪府教育センターホームページ　新学習指導要領について

3 病院への訪問による指導

分教室や学級が配置されていない病院に長期入院している小・中・高等部の児童生徒を対象として、病弱教育部門のある特別支援学校の教員が各病院を訪問し、ICT 機器を活用しながら個別の授業を行っている。

キーワード　復学支援、自立活動、ICT 機器（分身ロボット）、学びの連続性

　本地域では、平成29年度に特別支援学校（肢体不自由）に置かれていた分教室・病院訪問部を整備して、4校に病弱教育部門を設置して拠点校とし、病院内に分教室や学級が設置されていない病院へ訪問して入院中の児童生徒の教育（以下、「病院訪問教育」という。）の充実を図りました。病院訪問教育は、特別支援学校拠点校（病弱教育）4校と病院内訪問を実施する特別支援学校（肢体不自由）3校の計7校で地域内の病院を分担することになりました。訪問教育担当教員は通常午前と午後に病院を移動し訪問指導を行います。部門設置前は週3日各2時間の訪問授業でしたが、設置後は各校に「病弱教育支援員」（以下、「病弱支援員」という。）が配置され、病弱支援員との学習時間を合わせて週5日各2時間の学習時間の設定が可能になりました。

（1）病院訪問の特殊性

　病院への訪問による授業は、多くの病院で感染予防等の理由により、基本的に個別で行います。短い学習時間に加えて、専用の学習室がない病院も多く、ベッドサイドのみの環境で学習している児童生徒も多くいます。それぞれの病室ではサイドテーブルを机がわりにして学習スペースを確保します。多くの病室は個室ではなく、カーテンだけで仕切られた集団生活の場で、周りへの音や声の配慮も必要です。整っているとは言い難い学習環境ですが、児童生徒も保護者も授業を楽しみに待っていてくれます。学ぶことが楽しく学びたいという希望をもっている児童生徒、教員や支援員との会話で気分転換を期待している児童生徒、また復学や進路選択、社会適応への悩みへの助言や機会を求めている児童生徒や保護者等、教員や病弱支援員、病院訪問教育への期待は多岐にわたります。訪問する教員は、個別のニーズを丁寧にくみ取り、指導を行います。

　病室への教材の持ち込みに制限があり、持ち運びにも限度があるため、教員は衛生的に管理しやすく多様な活用が可能なタブレット端末を使用したり、小さなホワイトボードを利用する等、コンパクトでより効果的な教材・教具の選出と使用の工夫、指導内容の精選に日々努めています。授業では地元校の学習への遅れ

が最小限となり入院による学習上の困難を軽減することや、病気をかかえる自分を受け入れ、入院体験を将来への希望につなぐようなキャリア発達を促す指導を心がけています。中学校段階の生徒の欠席日数や受験対策、義務教育ではない高校段階の生徒を受け入れる際の転籍・復学の課題や単位認定の対応等については、地元校と事前の調整や確認を念入りに行い、留年や進路選択上の不利益が出ないように取り計らいます。このような工夫や連携が、病院訪問教育ではより一層求められます。教員が各病院に滞在する時間が限られるため、担当教員・病弱支援員間の情報共有を十分に行うこと、ケースワーカー等の病院専門職や保護者、地元校との確認・連携する際も、より効率的・計画的に進めることが大切です。本地域の独自制度である病弱教育支援員は、教員の指示のもと指導にあたり、学習時間の拡充と教育内容の充実という役割を担っています。病院訪問教育を行う7校の特別支援学校では36の病院に訪問指導を行い、のべ343名の小・中・高校段階の児童生徒が訪問指導を受けました（平成29年4月〜平成30年7月）[*1]。

（2）病院への訪問における自立活動の取り組み

　平成29年に出された学習指導要領では、自立活動の重要性が示され、自立活動の時間はもとより、学校教育全体を通じて適切に行うものとしています。本事例は、小学6年生の児童Aが復学という状況の変化に適切に対応できるよう目標を設定し、授業を計画・実施した取り組みです。

① 授業「訪問教育におけるICTを活用した復学支援」

【単元名】　「復学支援〜地元校6年1組と交流しよう〜」

【目　的】　・復学を前にした児童が、地元校と交流することにより、復学後の学
　　　　　　　校生活を具体的にイメージする。
　　　　　　・復学に向けた不安や希望に向き合い、具体的な解決策を探る。
　　　　　　・入院生活を振り返り、病気になった自分を受容し自己肯定感を育む。

【対象児童】　小学6年生男子（血液疾患により5年生2月から9月末まで入院）

【方　法】　・分身ロボット[*2]を用いて地元校と交流し、通常授業を体験する。
　　　　　　・退院前チェックリストを使用して病気や入院生活を振り返り、不安
　　　　　　　や困難を言語化し、その改善方法を探る。
　　　　　　・地元校初登校時に友達に挨拶する内容を考える。

	時　間	内　容
授業内容	1時間目	・地元校交流で使用する分身ロボット操作の仕方を体験 ・友達の質問を予想して返答を考えたり友達への質問を考えたりした。
	2時間目〜 6時間目	・地元校と交流1日目学活（お互い質問をし合う） ・地元校の通常授業に参加2日目〜5日目（国算社体）
	7時間目	・「退院前チェックリスト」を用い、退院前の不安や登校後の希望を整理して、地元校初登校時の挨拶文を考えた。

【成　果】

　「入院しながらでもクラスのみんなと会話ができて、すごく楽しかった。」「早く（退院して）授業に参加したい。」と話す等、実施後児童は復学に向けた意欲が著しく向上しました。地元校担任も「クラスの子にとっても確実によい体験となった。」と感想を述べています。ICT機器の使用について、児童は「自分と同じようにつらい治療をしながらでも、（分身ロボットを使用して）地元校の授業を受けられる友達がたくさん増えてほしい。」と語り、ICT機器が普及することへの希望を述べました。また、挨拶文を作成したことで、地元校での学校生活を具体的にイメージでき、地元校への登校の抵抗感が軽減し、復学への自信をもつことができました。

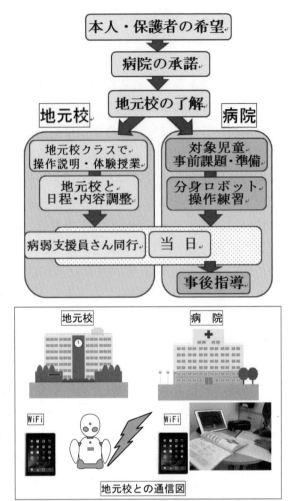

図1　地元校通信授業までの流れ

② 　自立活動の工夫や配慮事項

ア）地元校・病院との連携

　地元校と交流する際に担任は、児童に話を進める前に事前に情報を集め、まず地元校の理解と協力が得られるかを確認する必要があります。地元校に依頼する際は担任や管理職に分身ロボットの操作を実際に体験してもらったり、クラスの友達に事前学習として操作を体験してもらったりすると交流及び共同学習への理解と期待が深まり効果的です。病院内に新規のICT機器を持ち込む際には、病院の許可も必要ですので事前に申請を行います（図1）。

イ）児童への指導

　交流場面でスムーズなコミュニケーションができるように、分身ロボットの操作に慣れておくことが大切です。練習を重ねると仕組みを理解し、ロボットそのものやプログラミングにも関心がもてるようになります。慣れてきたら操作を児童に任せると、楽しさを感じ達成感をもったり分身ロボットへの愛着を感じたりするようになります。このような入院中ならではの特別な体験は児童が満足感を感じ自信をもつため、復学への意欲を高めることができます。

ウ）実施にあたっての支援体制

　分身ロボットを用いる際には、地元校に機器を搬入する人手が必要となります。病弱支援員と協働することで、スムーズに授業準備ができるなど、よりよい教育を提供することができます。

エ）教材の工夫

　地元校登校時の挨拶文を作成する際には、同様の病気で復学した他児の挨拶文を例文として使用しました。複数参考にすることで、児童Aは自分の伝えたい思いをもとに自由に考えてよいこと、同じように不安を抱えながらも復学への道をたどっている児童生徒が他にもいることを知り、安心感をもつことができました。この活動を通して、教員は児童生徒が入院期間を振り返り、寛解までの治療を乗り越えたことを誇りに思えるよう指導するとともに、登校後の学校生活を具体的にイメージさせることで起き得る困難を予測し、解決方法を考えさせることができます。

（3）まとめ

　入院治療・感染対策という個別対応が主となる生活環境で長期の入院期間を過ごす児童生徒にとって、退院が近づくと嬉しい反面、復学＝集団生活への復帰は大きな不安要因となります。医療の進歩に伴い、復学後も通院治療しながら成長していく児童生徒です。時間の限られる訪問指導において、指導内容として入院早期から復学を見越した指導が具体的継続的に行われることが、移行支援として重要であるといえます。

　復学後児童生徒と保護者を支えてくれるキーパーソンは、①地元校の担当や他の教員、②地元校の友達、③地元校友達の保護者です。この人たちに入院早期から情報提供を行い、支援をつないでいくことが病弱教育を担う教員にしかできない重要な役割であるといえます。その対応の一つが、地元校とのICT機器（分身ロボット）を使用した授業交流・授業参加です。この取り組みは、病院訪問での学びを地元校に連続させるとともに、地元校の授業を体験し復学に向けた準備を進めることが可能となります。授業交流を通して地元校の担任や友達と共通体験をもつことは、児童生徒や保護者にとって地元校に復学する自信になり、地元校担任や友達、その保護者にとっては病気を抱える児童生徒の理解につながります。このような体験は「自分には待っていてくれている人がいる。帰るところがある。」と思え、病気に立ち向かうエネルギーを蓄えられる大切な機会となります。

【参考・引用】

＊1　東京都訪問教育・病弱教育研究会　教育課程課題研究　平成30年度報告
＊2　OriHime（ORI研究所）は、頭や両手の動きを遠隔操作でき、音声のやりとりも可能な小型ロボット。映像は操作側にしか送信されない。

特別支援学級（病院内にある学級）

1 病院内での指導 ①

　本病院には、県内をはじめ、近隣地域から（転院を含む）多くの児童生徒が入院してくる。入院期間は様々であるが、一時退院を含め、入退院を繰り返す児童生徒が多い。本学級独自の特色ある指導例を紹介する。

キーワード 行事と関連した小中合同授業、進路指導、多職種連携

（1）学校生活について

　本学級は、地域の小・中学校の病弱特別支援学級として位置づけられています。教科学習においては、入院前の学習を継続し、スムーズに復学できるよう、前籍校の学習進度を考慮したり、前籍校の教科書を参考にしたりして指導しています。

　本学級の児童生徒は、手術や移植に加え、点滴、投薬、検査、長期の絶食やリハビリ等、大人でも耐えがたいと思うような大変な治療をしています。しかし、そんなつらい毎日だからこそ、本学級に来て、仲間と勉強したり活動したりすることが大切になります。規則正しい生活ができると同時に、病院にいることを忘れ、子どもらしくいられる場所、子どもらしい笑顔が見られる場所、友達と一緒に成長することができる場所、そんな場所でもあります。また、児童生徒が特に楽しみにしているのが、季節の行事など「小中合同授業」です。本学級の教員、病棟スタッフ、ボランティア等、たくさんの方々に関わっていただいています。治療のため行動制限が多い中、季節を感じられる行事と学習を関連させ効果的に行うことで、所属感、達成感も満たされ、自尊感情の向上にもつながっています。

（2）行事に関連した「小中合同授業」

学校行事	入学式、始業式、修了式、卒業式、校外学習（博物館・科学館等）、山笠見学学習、勤労感謝のお茶会、夏休み・冬休み前がんばったね会、お月見団子作り、ボランティアによる出前授業など
病棟行事	春の遠足、運動会
ボランティア主催の行事	七夕・クリスマスミニコンサート、書き初め、ポストカード作り、出前授業

① 指導に当たっての配慮事項

　本学級では個々の病状、発達段階、学習進度に応じて学習を進めています。しかし、少ない授業時数に加え、治療や検査で学習できない日も多く、一つの教室に全学年がいる中で効果的に授業を行うためには、事前の児童生徒のアセスメン

トが重要です。また、児童生徒が意欲をもって授業に取り組み続けるためにも、医療関係者と密に連絡を取り、学校での様子を伝えるなど、治療に対する精神的サポートでの共通理解を図るようにしたり、行事に可能な限り参加できるよう点滴や検査の時間を調整したりしてもらうなど、病院の協力を得ることも大事です。

② 配慮の具体例

・病状や精神状態により、児童生徒一人ひとりの行事に対する思いや願いは異なります。行事の際、病状・治療により準備や練習だけ参加可能、本番だけ参加可能など参加状況も異なります。それぞれの児童生徒や保護者の思いを把握して、個々に応じた達成感が得られるような目標設定を行うようにしています。

・勤労感謝のお茶会等、調理実習の際は食べられる量・材料を個別に調整し準備しています。絶飲絶食の場合、調理実習だけ参加希望か、または飲食可能になってから後日に個別に行うかを本人と保護者に尋ねます。小中合同で行う行事の際は、それぞれの学習内容に合った教科学習として取り組みます。

[例] 感謝のお茶会での教科区分

学習内容	小学部	中学部
掲示物・ポスター・マット作成	図画工作	美術
招待状・感謝のお手紙作成	国語	国語
お茶菓子作り	低学年　　生活 中学年　　総合 高学年　　家庭科	家庭科
おもてなし	低学年　　生活 中高学年　総合	総合

③ 支援の工夫

ア）運動会競技例：棒サッカー

　赤と白のチームが向き合い、ボールを棒で転がしながらそれぞれの色のゴールへ入れるゲームです。発達の段階・病状に応じた用具を工夫することで、チーム戦で友達と力を合わせて取り組むことができました。例えば、車いすの児童生徒や身長の低い児童生徒は、棒の長さを短くし、ボールに当たりやすくするなどの工夫をします。また、棒を握る力の弱い児童生徒は、操作性も低いので、よりボールに当たりやすくするよう、ラケットを使用させるなどの工夫をします。それぞれに配慮したことで、児童生徒は参加できる喜びを味

写真1　棒サッカーの様子

わい、運動会会場は、子どもたちの笑顔でいっぱいになりました。

イ）校外学習例：科学館

　小中合同で科学館に行きました。行くところや活動は同じでも、一人ひとりの学習のねらいは異なります。児童生徒それぞれの学習内容に合わせた「しおり」を作ることで、学習内容を明確にするよう工夫しました。

（3）本学級（中学部）の進路指導

①　進路決定

　長期入院を余儀なくされた生徒の中には、中学3年生の受験生もおり、各自病気と向き合いながら、進路を決定していかなければなりません。本人、保護者の希望も踏まえ、前籍校と連絡を密にしながら、同時に主治医と治療計画・日程を相談して受験校、受験の方法などを決める必要があります。入院以前の進路希望を変更しなければならないことも出てくるため、精神的な支えも欠かすことはできません。

②　本市における病院内受験の実施に向けて

　進路相談を行い、受験校を決定していく中で、受験の時期に入院治療をしている生徒については、受験日に受験校に行くことができるかどうかを主治医と相談します。

　治療の関係で、受験日あたりは感染のリスクが高く、一時退院や外出が不可能であれば、病院内受験を実施してもらえるように校長が受験校へ依頼をすることもあります。本市の院内学級では、平成30年度までに公立高校3校と私立高校4校が病院内受験を実施しました。しかし、必ずしも病院内での受験が可能になるわけではないので、事前の相談が必要です。

　病院内での受験が決定したら、次のような確認等をします。

　・試験前に受験校の担当者と、本学級担任とで打ち合わせ
　・事前に入試の部屋、控室などを病棟スタッフと相談

写真2　面接指導の様子

・体調不良の場合の連絡や対策などを協議

・試験日、試験時間については、受験校と同じ時程で行えるかを確認

　また、治療計画を参考にしながら、受験日までの長期的な計画を立てます。

　午前中の授業のほかに、午後から補充学習を行ったり、必要に応じて校長による面接指導を行ったりします。

（4）まとめ

　中学生の受験期に入院し、学習が思うようにできない焦りや不安、孤独感の中、頑張っている生徒たちにとって、治療に前向きに臨むためにも、将来への希望は欠かせません。治療を終えて、高校に行くという決意は生きる力になります。そのためには、本人の希望を踏まえながら、常に精神面での支えとなるようできる限り対話の時間を多くとるよう努め、支援することが重要です。また、常に保護者が付き添うことが難しい場合などは、できるだけ保護者や医療スタッフとも連絡を取るように心がけるなどが必要です。生徒に関わる人が情報を共有し、協力しあいます。このように、病気や治療がネックとなって受験ができないなど、本人の希望が断たれることがないよう取り組んでいくことが大切です。

特別支援学級（病院内にある学級）

2 病院内での指導 ②

本学級の児童生徒は、病気やけがによる学習空白を埋めるため、短期間にたくさんの単元を学習する必要がある。入院中の限られた時間と環境の中で工夫して行っている学習指導の中から、理科・生活科について紹介する。

キーワード | 理科・生活科の指導、病院からの指導、タブレット端末の活用

（1）小学校理科・生活科の植物観察について

本学級は教室からテラスに出ることのできる構造になっており、毎年、テラスでは、いつ、どの学年の児童が入級しても観察できるように、全学年分の植物を育てています。日々成長していく植物を観察することは、変化の少ない入院生活の中にいる児童に安心感をもたせる大切な役割を果たしています。

免疫力が特に低く、まだ教室に来ることができない児童には、タブレット端末を使って成長の様子を撮影し、デジタル画像で見ることができるようにしています。どのくらいの距離から撮影するかを決めておき、撮影した画像を植物の種類ごとに分けると、児童がその植物を毎日観察することができなくても成長の過程を知ることができます。

春 | アサガオ・ホウセンカ・ヘチマ
インゲンマメ・ミニトマト・キュウリ

秋 | パンジー

① 指導の工夫や配慮事項

児童を感染症から守るために、学級では児童も教師もマスクを着用しています。また、以下の点に注意するよう指導を受けています。

ア）病院からの指導

・生えている植物にあまり近寄らないこと。触らないこと。

・植物を直接観察するときは、ガラス越しで観察すること。

・種を触るときは、事前に教師が植物から（皮ごと）取ったものを使い、児童は

ゴム手袋をすること。（例：「種の観察」「アサガオ
の種取り」）

・葉や花を使う活動は、事前に教師が植物から取っ
て水洗いをし、児童はゴム手袋をすること。（例：「ア
サガオのたたきぞめ」）

・実の観察は、教師が水洗いをしたもので行うこと。
（例：「キュウリの観察」）

・水やりによって土が舞い上がるため、児童に水や
りはさせないこと。

・土に含まれる細菌が原因で感染症になる可能性が
あるので、水やりのとき、児童をそばにいさせないこと。

児童の観察カード

イ）植物観察の方法（スケッチする場合）

・ドア付近までキャスターで運んでドアのガラス越しに見て観察をする方法

・タブレット端末で教師あるいは児童が撮影し、その画像を見て観察する方法

②　理科の実験について

[病院内にある学級ではできない内容とその対処法]

・生き物を飼うこと（例：メダカのたんじょう）

・土を使った実験（例：流れる水のはたらき）

　できる実験は行い、できない実験や退院までにあまり時間がない場合は、教育
番組やDVDを使います。そして、単元の中で特に大切な指導項目に絞って学習
を進めていきます。「元の学校の進度にちゃんと追いついている」ということが
児童の自信につながり、復学への不安を減らすことができます。

③　タブレット端末の活用

　NHK for school のアプリを使うと、事前に番組（10分）を個人のプレイリス
トに準備することができます。また、もっと短く切り取ったワンポイント動画（2
〜3分）もあるので、児童の実態に応じて活用することができます。

[実験・観察の実際]

4年「水のすがた」

4年「ものの温度と体積」

（2）中学校での取り組み

入院により、地元の中学校を離れ、病院内にある中学校の病弱特別支援学級に転校した生徒たちにとって、不安や悩みは大きいものがあります。本学級では、少しでも学習の遅れを取り戻したいと希望する生徒たちの願いに応え、さらに進路の保障に努めるために、可能な限り個に応じたきめ細やかな学習指導を行っています。

・担任1名（英語）、副担任1名（理科）
・講師（非常勤）5名
　（国語、社会、数学、音楽、美術）
・教科の授業（1日5時間×5日間）、
　学活・道徳科等

病室を出て通学可能な生徒は、病院内にある教室へ通ってきます。教室に通ってくることができない生徒は、ベッドサイドや病棟内学習室で個別指導を行います。

教室では、3学年が場を共有し、それぞれが個別授業となりますが、学年別・進度別に分かれた授業になるため、多いときは8名の生徒に対して、個別に指導することがあります。入院期間の短い生徒には、前籍校の教科書を参考にして指導を行うこともあります。また、本学級での定期試験は、個別に問題を作成し、実施しています。

【ICT機器を活用した理科の授業の工夫】

理科は週に教室授業3時間、ベッドサイド授業3時間を行っています。いずれも個別指導のため、生徒一人ひとりに応じた授業プリントを用意しています。一

教室での個別の指導

皆が楽しみにしている実験

人に関わる時間が短い場合もありますが、生徒たちは前籍校と同じように学習していきたいと、積極的に質問し、熱心に取り組んでいます。

必要に応じて教室で実験・観察を行い、それが生徒のやる気や笑顔を引き出しています。感染症対策として、教室への土や植物の持ち込みは禁止されているので、それ以外の内容での実験・観察を中心に行っています。

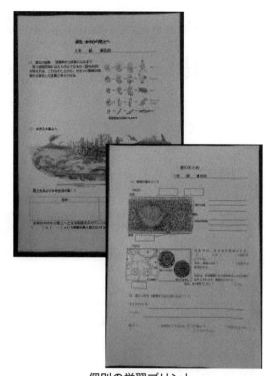

個別の学習プリント

実験が困難なときは、ICT 機器を活用します。

ア）実験観察の様子や結果を、あらかじめタブレット端末に写真や動画で撮影しておき、ベッドサイドや教室での個別指導に役立てます。

イ）NHK E テレの視聴覚教材を活用します。

通信教育講座と 10 ミニッツ、ミクロワールド、ベーシックサイエンス、大科学実験や NHK for School は、物語形式など親しみやすい構成となっているので、生徒の学習内容の理解の一助となります。

ウ）映画のワンシーンを活用して、興味・関心を抱かせ、理解を深めます。

　　[例]「アルマゲドン」「ディープ・インパクト」→ 小惑星衝突

　　　　「2001 年宇宙の旅」冒頭 → 道具を使うようになる進化

（3）まとめ

本学級は、様々な制約がある中で、教室での授業とベッドサイドでの授業を行わなければなりません。学ぶ楽しさ、わかる喜びを実感できる授業づくりに視聴覚教材や ICT 機器の活用は必要不可欠です。

1 通級による自立活動の指導

病気の児童生徒に対する通級による指導では、児童生徒の病状やニーズを聞き取り、一人ひとりの実態をもとに、目標を立てて自立活動を実施している。①児童生徒が在籍する学校において指導を受ける「自校通級」、②児童生徒が他の学校へ行き指導を受ける「他校通級」、③教師が病院へ行く「巡回による指導」の3つがある。

キーワード 通級指導教室、巡回による指導、興味・関心、自己選択、連携

（1）授業（取り組み）について

① 本校の通級による指導の現状

本校は、小・中学校の児童生徒が来校して行う「通級指導教室」と、近隣市の病院に1か月程度の短期入院をする児童生徒に対して教師が病院に出向いて行う「巡回による指導」を行っています。担当教師は特別支援教育コーディネーター2名が兼務して、個別または小グループで指導を行っています。

	通級指導教室 （来校）	巡回による指導 （病院）
指導対象	小・中学校に在籍する児童生徒	近隣市の病院に入院中の小・中学生
指導時間	週1回　1〜2時間程度	週1〜3回　1回2時間程度
指導場所	教育相談室（写真1）、教室	病室、病院内の学級の教室
指導期間	年度ごとに継続するかどうかを相談して決める	2週間〜1か月程度 （長期入院になる場合は学籍を病院内学級へ移す）

通級指導教室に来校する児童生徒の病状やニーズは様々です。病気や障害のため在籍校での遅刻や早退、欠席が多くなってしまったり、生活習慣や生活リズムを整えることが難しかったりすることなどがあります。また、児童生徒の多くが、集団生活や人とのコミュニケーションに課題があります。通級指導教室での活動や教師とのかかわりの中で、自分の病気や課題と向き

写真1　教育相談室

合い、よりよい方向性を探っていきます。巡回による指導は、病状が安定していて主治医の許可があり、指導を希望する児童生徒に行っています。指導については、主治医と相談し、無理のないように配慮しています。児童生徒の入院による不安やストレスを軽減し、治療に対して前向きになれるように心がけて指導しています。

　通級指導開始までの流れとしては、在籍校や教育委員会等と連携しながら、児童生徒や保護者と教育相談を実施し、病状やニーズなどを丁寧に聞き取ります。来校による通級指導教室では、１～２回の試行通級を行い、本人の意思を確認してから本格的に実施するようにしています。担当教師が実態把握をもとに指導すべき課題を整理し、目標を立て、指導内容を設定して実施しています。

② 活動内容

　児童生徒の実態によって、いくつかの活動を組み合わせて実施しています。

活　動	主　な　内　容
カウンセリング的な活動	体調や近況等について話をする　　　　　　　　　【心理的安定】
表現活動	イラスト、塗り絵、樹木画、風景構成法、４コマンガ、箱庭、コラージュ、物語作り等　　　　　　　　　　　　　【心理的安定】
プリントを使ったワーク	健康、生活習慣、学習習慣、タイムスケジュール、自己理解、他者理解、エゴグラム、ストレスマネジメント等　　　　　　　　　　　　　　　　　　　　　　　【健康の保持、人間関係の形成】
ロールプレイ	伝える、頼む、断る等についての練習　　　【人間関係の形成】
音楽	楽器演奏、合奏、歌等　　　【心理的安定、コミュニケーション】
軽スポーツ	散歩、卓球、バトミントン、ビリヤード、風船バレー、ボッチャ、ヨガ、ダンス等　　　　　　　　　　　　【健康の保持、身体の動き】
レクリエーション・ゲーム	トランプ、ブロックス、オセロ、将棋、アンゲーム、ジェスチャー、絵しりとり等　　　　　　　　　　　　　【コミュニケーション】

＜実践例１＞ （来校による通級指導教室）

	中学１年生　生徒Ａ
実態	・脳神経系疾患。頭痛、目眩、倦怠感などがあり、在籍校には週１～２回ほど授業を選んで登校している。学習意欲は減退気味。 ・自分の気持ちを伝えることが苦手で、身体症状に出やすい。 ・生活習慣、生活リズムが乱れ、エネルギーが不足していて、自分から外出することが少ない。読書や楽器演奏が好きである。
目標	・自分の体調と向き合い、よりよい生活習慣を身につける。 ・自分の気持ちを表現する手段を増やし、他者とのやりとりを増やす。

　毎回、最近の体調と出来事について話をした後で、その日の活動を２択または３択で選ぶようにしました。初めの頃は、体力をつけるために散歩や卓球をしたり、健康や時間管理についてのワークを行ったりして、生活習慣の見直しを図り

ました。次第に教師との信頼関係もできてきたので、箱庭療法的活動（写真2）や塗り絵、絵画などの表現活動を行いました。生徒A（以下、「A」とする。）は自分から話すことは少ないのですが、教師からの問いかけにはたくさん話すようになってきました。会話の中で、以前ピアノを習っていたことがわかり、通級でも楽器演奏を提案

写真2　箱庭療法的活動

してみました。するとAは楽譜を持参し、楽しんで演奏するようになりました。そこで活動に広がりをもたせるため、校内でミニコンサートを企画しました。すると、Aは自分で選曲し、自宅で練習してくるなど、主体的な姿が増えてきました。コンサート当日は、人前で自信をもってピアノを弾くことができました。その一方で、「友達と会話が続かない。コミュニケーションが難しい」と話すことがあったため、具体的な場面を設定してロールプレイを行っています。Aは休まずに通い続け、少しずつ新しいことに挑戦する気持ちが芽生えてきました。

＜実践例2＞　（C病院への巡回による指導）

	小学3年生　児童B
実態	・自己免疫性疾患。身体に力が入らなくなり、ほとんどベットで横になって過ごしている。C病院での入院とD病院に転院しての治療、そしてC病院に再入院というサイクルを数回繰り返している。 ・自力歩行ができるまでに時間がかかり、退院への見通しが何度も変更されている。退院したい気持ちと退院後の生活への不安や焦燥感で葛藤している。 ・読書や工作、イラスト描きなどが好き。学力が高い。
目標	・不安や焦りなどの気持ちを発散させ、安定した入院生活を送ることができる。

　児童B（以下、「B」とする。）は身体を動かしづらい状況で、不安な気持ちを抱えていたため、興味のあることを中心に行いました。工作が得意なため、在籍校から工作キットなどを届けてもらい、病室で一緒に作りました。作品は保護者を通じて在籍校に渡し、Bには在籍校の担任や子どもたちからの感想を伝えることができました。できるだけ在籍校とのつながりを保ち続けるために、本校からは通級での活動日数と内容を、在籍校からは現在のクラスや学習の様子を情報交換しました。その後、病状が思ったように快復せず、転院そして再入院を繰り返すうちに、不眠などが始まりました。そこでBのケースカンファレンスが開かれ、主治医、看護師、心理士など医療関係者と情報を共有しました。Bは絵を描くこ

とも好きなため、イラストを描きながら物語作りをしました。特に好んで繰り返し行ったのは、"容姿に自信のない女の子が、ヘアメイクをすることで自信を取り戻していく"というストーリーでした。まず、教師が女の子の輪郭や顔のパーツを描き、それにBがヘアメイクをして美しく仕上げていきます。Bはとても楽しんでいて、「これをやると気持ちがスッとするの」と話していました。イラストの女の子たちを美しくすることで、B自身が自信を取り戻していくように見えました。次第に「学校に戻ることが不安」「病気で親に心配をかけてしまった」など、自分の気持ちを話すことが増えました。Bは徐々に歩けるようになり、体験登校を経て、在籍校に戻っていくことができました。

（2）工夫や配慮事項

・児童生徒の興味・関心のある活動、本人のやりたい活動を取り入れ、自分で選択する場面を多くつくる。
・児童生徒の話をじっくりと聴く時間をつくる。
・「できたこと」「努力していること」などを教師が認め、褒めて励ます。
・来校による通級指導教室では、気分転換や気持ちの発散ができるように、身体を動かす活動を取り入れる。
・定期的に保護者と面談を設定し、児童生徒の変容や今後の活動内容について話し合う機会を設ける。
・在籍校には必要があれば訪問したり、電話で毎月の出席状況や活動内容を報告したりして情報を共有する。

（3）まとめ

　通級による指導では、病気に向き合うこととともに、その子どもの中の健康的な部分に着目し、教師が一緒に活動して「できた」という満足感や安心感を得ることが自信につながっていくと期待しています。そして、それが児童生徒の意欲を引き出し、家庭や在籍校での生活においても困難を乗り越えていく原動力になっていくと考えています。

特別支援学校（病弱）に おけるセンター的機能

1 復学支援

復学時には特別支援学校（病弱）と復学する学校間で、校内における環境の確認や健康上の配慮事項、学習状況の引き継ぎ、児童生徒の心理的な不安を解消する等、様々な準備や確認が必要である。復学支援会議を行い復学した事例を紹介する。

キーワード 復学支援会議、個別の教育支援計画

（1）取り組みについて

【事例1】白血病で骨髄移植をし、約1年間入院した中学3年生の事例

　本生徒は、入院中に特別支援学校（病弱）に学籍を移しましたが、退院後もすぐには復学せず、特別支援学校（病弱）に在籍していました。体調が不安定であることから、医師とも相談の上、特別支援学校の担任が自宅へ訪問して授業を実施しました。体調は安定してきましたが、体力面での不安があったため、復学後の中学校生活に徐々に慣れていくために、試験登校を行うことにしました。特別支援教育コーディネーターが前籍校である中学校に連絡を取り、本人の様子を理解してもらい、環境整備に活かす機会として、試験登校の実施に向けた調査を行いました。さらに、試験登校で生じた課題を解消するために復学支援会議を開催し、十分な準備の後に復学することができました。

ア）本人の不安の解消

　長期間前籍校を離れていたため、その間にクラス替えがあり、戻るクラスには誰がいるか、教室はどこなのか、担任は誰なのか、自分は学習が遅れていないか等の不安が生じました。また治療によって容貌が変わってしまって恥ずかしい、毛髪の関係で帽子を常用することを友達に何と説明するかなどの悩みもありました。

　このような不安を軽減するため、自立活動の時間を用いて、復学に際し心配なことについてチェックシートを用いて確認し、友達からの質問にどのように答えるかを教員と一緒に考える時間をつくるなどの手立てを取りました。

イ）登校の方法等の確認

　医師の判断と、本人や保護者の希望をもとに、復学前に行う試験登校の方法に

ついて特別支援学校の担任と中学校の担任間で連絡を取りました。本人と保護者に確認し、日時を定めました。体力的に厳しいため、最初は朝の学級活動のみ参加して帰宅するなど、短時間の活動から始めました。本人の負担にならないよう段階的に取り組み、登校できたという成功体験を積み重ね、復学への自信をつけることを目標にしました。

ウ）第1日目を迎える前に

　中学校に登校する前に、休んでいた理由をどのように伝えるか、本人や保護者と確認しました。前籍校の生徒全体に向けて、校内で誤った情報が錯綜しないように、生徒から質問を受けた際に、どの教師も同じ説明ができるように統一した内容にする必要があります。この生徒の場合は、入院中に自分の病気について友達に話していました。保護者から復学時にはクラスの生徒全員に知らせてほしいとの要望があり、中学校の担任が保護者から提供された情報をもとにして病気の説明を行うこととしました。学校生活における配慮事項に関しては、医師の指導の下、特別支援学校の担任が作成したもの（図1）を用意し、中学校側でも安心して受け入れられるように体制を整えました。

```
　　　　　　　　　学校生活における配慮事項の例
　　　　　　　　　　　　　　　　　　　　　　　　　　（　　　年　　　　　　）
○登校に関して　　　　しばらくは送迎、少しずつ段階を踏んで参加時間を増やす、午前中のみ等　階段昇降は不可等
○服薬管理等　　　　　一日何回服薬しているか、昼食時の服薬等
○通院に関して　　　　週1回、週2回等
○活動制限に関して
　　　　　　　　　　　食事に関して（禁止食、量に関して等）、水分補給に関して（時間で、摂取量等）、日光について（日陰
　　　　　　　　　　　に、屋外禁止、日焼け止めと帽子等）、運動に関して（外遊びは禁止、走ることは禁止、遊具の利用など）
　　　　　　　　　　　飼育小屋への出入りに関して（触らなければよい、糞などには触れない等）トイレの介助等
○授業に関して
　植物の取り扱いについて　種まきOK、葉に触れてもよい、土いじりはしない等
　体育の授業参加について　見学OK、走る、準備運動はOK、柔道は受け身はせず、座礼のみ、プールは入水禁止、器械
　　　　　　　　　　　　　運動は禁止、ダンスは激しくなければOK、球技は種目によりOK等
　家庭科の授業について　調理実習時の包丁使用、野菜等の取り扱い、調理後の摂食、裁縫時の針の扱い等
　音楽の授業について　鍵盤ハーモニカ、リコーダーの扱いについて
　給食当番について　給食の運搬、配食について　　摂食について
　清掃活動について　清掃時、埃の立たない所で過ごす、ほうきや雑巾がけについて等
○行事への参加について
　遠足、校外学習について　車いす移動、保護者付き添い、支援員が付けば参加可能等
　就学旅行に関して　保護者がそばにいてすぐに駆けつけられるところで待機等
　体育祭に関して　日陰のテントの中で過ごす、室内から見学をする等
　合唱コンクール等　保護者の引率で現地集合解散等
○その他
　教室の座席の位置　一番前の端にし、すぐに声をかけられるような、トイレで退席できるような場所にする等
　感染症の流行時　クラスや学年ではやり始めたら保護者に伝える、感染者に接触していたら病院に保護者から連
　　　　　　　　　絡等
```

図1　学校生活における配慮事項とその例

エ）復学支援会議

　特別支援学校の担任と中学校の担任、養護教諭、学年主任（兼特別支援教育コーディネーター）という構成メンバーで、復学支援会議を行いました。本事例の生徒は、退院していたため中学校を会場に行いましたが、入院中の場合は医師も同席し、病院内にある教室等を会場にして会議を行うことが多くあります。

　復学支援会議では、試験登校での様子が話し合われました。車いすでの教室移動に課題が見つかり、また、体力的に全日の登校は難しいことがわかったので、登校時間に関しては時間割を見ながら調整していくことにしました。その後、転校の手続きを取り、前籍校へ復学しました。

　本人の状態に応じて学校にいる時間を段階的に調整できたこと、中学校でも安心して受け入れる体制が整えられたことなどから、スムーズに復学ができました。

【事例２】 脳内出血の後遺症により、中学校の通常の学級から特別支援学校（肢体不自由）に転校となった事例

ア）特別支援学校への就学相談

　本生徒の退院の予定が立ち、本校の特別支援教育コーディネーターが保護者から退院後の学校についての相談を受けました。本生徒は、脳内出血の後遺症によって、自力での歩行ができなくなり、車いすによる移動になりました。また、学習に関しても、当該学年の課題を行うことが難しくなりました。本来であれば、退院と同時に前籍校である中学校へ復学するのですが、保護者は中学校の通常の学級での生活に不安を抱き、相談をしてきました。そこで、特別支援教育コーディネーターは、退院後の学びの場について検討していくプロセスを保護者と一緒に考えていきました。

　最初に地域の教育委員会へ保護者が連絡を取り、就学相談を受ける手続きを踏みました。次に、保護者に特別支援学校に関する情報を提供する一つの手段として、地域の肢体不自由特別支援学校を見学する機会を設けました。

イ）医療が中心の支援会議と学校間の支援会議

　退院後の居住地における生活支援については、病院の医療ソーシャルワーカーが中心となり、医師、看護師、訪問医師、訪問看護師、児童相談所ケースワーカー、地域のケースワーカー等が集まり、これに本校の教員も加わって、入院中の生活を振り返り、退院後の支援のあり方を考える支援会議を行いました。そして、特別支援学校（肢体不自由）への転校が決まると、転校先の特別支援学校の担任、学年主任が入院中に来院して保護者と本人に面会し、その後、学校間で支援会議を行いました。個別教育支援計画や個別の指導計画を用いながら、今までの学習状況の引き継ぎや本人、家族への配慮事項の確認等を行うことができました。

　このように入院前とは違う学校へ転校する場合もあります。いずれにしても、十分な引き継ぎを行うことが大切です。

（2）復学支援での配慮事項

　復学する際、子どもの気持ちや前籍校とのやりとりで配慮する点があります。

① 復学に向けた子どもの気持ちの不安解消について

　復学支援会議に生徒本人が出席して、中学校の教員に不安なことを直接伝える機会をつくり、解決策を探る取り組みをしたことがありました。このような段階を経ることで効果的に不安軽減ができ、安心して復学ができました。児童生徒の状況により、適切な方法を本人や保護者と検討しながら復学をすすめることが大切です。

　また、学習面の不安に関しては、特別支援学校（病弱）に転入後、前籍校と連絡を取りながら学習進度を確認し、さらに退院が近づいた頃には前籍校の学習進度を確認して、学習空白がないように進めていくことも大切です。

② 前籍校の教員にとっても安心できる復学支援

　個別の教育支援計画に保護者と合意形成して決定した合理的配慮を記すことにより、適切な支援が引き継がれることになります。それと同時に学習状況に関する引き継ぎにもなります。特別支援学校の教員が保護者に渡し、保護者から前籍校に渡すことが一般的ですが、保護者に確認した上で復学支援会議の場で共有することにより、参加者の共通理解を図る資料として活用することもできます。

　特別支援学校（病弱）の特別支援教育コーディネーターは、復学支援会議において前籍校へのコンサルテーションを行い、保護者の支援も含めた組織的な受け入れ体制がとれるよう取り組みを進めることが大切です。場合によっては、入院中から前籍校と協議を始める必要があることも考えられます。また協議の中で、前籍校が行うことと家庭が行うことの整理をして役割分担をすることもあります。

（3）まとめ

　安心して復学するためには、本人、保護者の不安、そして受け入れる前籍校の不安が解消あるいは軽減できることが大切です。

　そのためには、入院中から特別支援学校（病弱）の担任は保護者との関わりの中で、前籍校と保護者がどのように連絡を取っているかを知り、保護者を介して前籍校と密に連絡を取っていくことが必要です。

　ここでは復学支援会議の様子や背景について記しましたが、児童生徒の状況によっては会議を設定しない場合もあります。その場合でも、担任間で電話をしたり、個別の教育支援計画や個別の指導計画を有効活用しながら保護者等を含めて復学時の支援方法の検討を行うことが望まれます。

　最近では、テレビ会議システムを使った復学支援への取り組みなども行われています。児童生徒を取り巻く環境整備や情報共有をいかに行うか、方法や手段、参加者など複合的に考えていく必要があります。

2 高校生支援

高等学校の生徒が入院した際の単位履修と修得についての不安を理解し、支援を進めるために、特別支援学校（病弱）のセンター的機能を活かし、ICT を活用した配信授業や、心理的安定につながる関係機関の連携に取り組んだ事例である。

キーワード 高校生支援、単位履修、遠隔教育、ICT 機器、医教連携

（1）本校の「支援センター」の概要

特別支援学校（病弱）のセンター的機能として、本校には支援センターがあります。地域支援として、病気やけがで入院したり、からだや心の不調を訴えて学校を休みがちな子どもたちの教育相談に応じています。高等部を設置していない本校は、平成 26 年度よりセンター的機能を活かし、長期入院する高校生の相談に応じ、学習支援（高校生支援）に取り組んでいます。

（2）高校生支援を支える関係機関の連携 ～医教連携コーディネーターの取り組み～

特別支援学校（病弱）である本校は、病院にある学級を設置している病院を中心に、小児医療関係者と連携する基盤があります。本校では特別支援学校（病弱）のセンター的機能の活用を進めるために、その機能を担う部署に「医教連携コーディネーター」を配置しました。

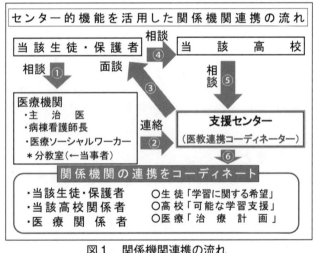

図1　関係機関連携の流れ

その結果、相談窓口が明確化され、医療関係者や在籍高等学校など関係機関の継続的な連携を進めることができました。連携を進めていく中で「関係機関連携の流れ」（図1）についても医療関係者との理解が進み、医教連携コーディネーターへの情報の集約を図る仕組みができました。

病状の変化とともに変わっていく高校生の不安や願いに気づくことは、高校生支援を進める上で、医教連携コーディネーターの大切な役割です。高校生の思いを傾聴し、そのニーズにあった支援を工夫するためには関係者との連携が必要です。高校生が抱く不安や願いに気づいたとき、医教連携コーディネーターは、主

治医や病棟看護師、医療ソーシャルワーカー、在籍高等学校の担任にその状況を伝え、必要に応じて関係者のカンファレンスの場を設定しました（図２、写真１）。関係者が連携することにより高校生支援の環境を整えることができ、心理的安定につながる取り組みができました。

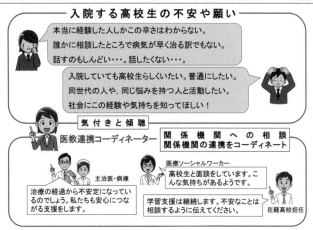

図２　心理的安定につながる関係機関の連携

写真１　主治医と在籍高等学校
担任のビデオカンファレンス

（3）同時双方向型配信授業の取り組み

　入院中であっても、ICT機器を活用して在籍高等学校とつながる環境を整えることは、学習支援と同時に、その後のよりよい復学につながります。平成27年度には高等学校の全日制・定時制課程における遠隔教育が制度化されました。本校においては平成23年度よりICT機器を活用した配信授業に取り組んでいます。このような背景をもとに、在籍高等学校からの同時双方向型配信授業の支援に取り組みました。

① 　同時双方向型配信授業の実践概要

　授業配信ではビデオトークアプリを使用しました。無線環境については、在籍高等学校側が自校の無線環境を使用できない場合、モバイルルーターを使用しました。また、病院側の生徒もモバイルルーターを使用しました。病院内での機材やモバイルルーターの使用に

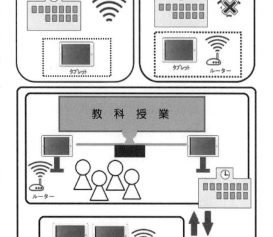

図３　同時双方向型配信授業イメージ図

ついては医教連携コーディネーターが病院側に相談し許可を得ました（図３）。

② 復学につながる同時双方向型配信授業の支援事例

【一度も登校していない高等学校へ通うことへの不安が強かった生徒Ａ】

　高校１年生の生徒Ａは、高校受験を目前に控えた中学３年生の冬、本校が病院内にある学級を設置している病院の成人病棟に入院しました。病院内での受験で高等学校に進学しましたが、退院予定は１年生の６月頃でした。生徒Ａは入学後、一度も登校していない高等学校へ通うことを考えると、高校生活への不安が強まっていきました。生徒Ａのこのような悩みを知った当該病院の看護部長は、高校生支援の窓口である医教連携コーディネーターに相談をしました。

　医教連携コーディネーターは生徒Ａと保護者に面会し、聞き取りを進めたところ、生徒Ａは「登校できないかもしれない」と話しました。医教連携コーディネーターは生徒Ａと保護者に「ICT機器を使って高校生活の配信を受け参観する方法」「支援センター主催の院内学習会に参加する方法」があることを説明しました。

　保護者から上記内容について相談を受けた在籍高等学校は、支援センターに配信授業に関する相談をしました。支援センターでは、医教連携コーディネーターが病院内での支援について協力することになりました。

　生徒Ａの配信授業に使用する機材やモバイルルーターの使用については、医教連携コーディネーターが、病棟を通じて当該病院管理課の許可を得ました。生徒Ａへの支援につながる内容として、在籍高等学校からは、校舎案内や登校時の様子、学級の様子などの配信がありました。生徒Ａは病棟より提供された学習室で高等学校からの配信を視聴しました（写真２）。生徒Ａが退院後登校できる環境を整えるためには、退院後の配慮事項について、医療と在籍高等学校の情報共有が必要になります。そこで、医教連携コーディネーターより、医療と在籍高等学校をビデオトークアプリでつないだカンファレンス（会議）を提案しました（写真３）。在籍高等学校は主治医から提示された配慮事項を校内で共有し、生徒Ａが登校しやすい状況づくりを進め、退院後、安心して登校することができました。

写真２　配信を視聴している様子

写真３　ビデオトークアプリでつないだカンファレンスの様子

③ 単位履修につながる同時双方向型配信授業の支援事例

【突然の入院で転校か留年かの選択をしなければならなくなった生徒Ｂ】

　卒業を控えた高校３年生の秋、体調が悪くなった生徒Ｂは、受診した病院で突然、入院が必要であることを告げられました。生徒Ｂは、留年か通信制高校への

転校かを選択しなければ
ならなくなりました。そ
のような生徒Bの状況に
ついて、医療ソーシャル
ワーカーから支援セン
ターに相談がありました。

写真4　タブレット端末で
板書を両サイドから配信

写真5　受信したプリントを印刷

在籍高等学校と本校は
共に同地域の学校でし
た。支援センターは在籍
高等学校に「高等学校の
全日制・定時制課程にお
ける遠隔教育の制度化
（平成27年度4月）」に関

写真6　授業者に質問を
している生徒B

写真7　クラウド版の協働学習
アプリを使った学習

する情報を提供し、生徒Bと保護者、医療、在籍高等学校の連携を図るカンファ
レンスをコーディネートしました。

　「学習の継続は本人の治療意欲の向上に不可欠」という医療側の意見と、「今の
高等学校で卒業したい」という生徒Bと保護者の意向が伝えられる中、在籍高等
学校からは「遠隔授業で出席を認めたい」という方向が示されました。

　治療期間が比較的短かったこと、遠隔授業ができる共通したICT環境があっ
たこと、支援センターの高等学校免許状所有教員に当該高等学校との兼務発令が
可能であったこと等、条件がうまく重なり、単位履修につながる遠隔授業が実施
できました。

　配信授業ではタブレット端末2台とモバイルルーターを使用し（写真4）、学
校側から送信される学習プリントは生徒Bがミニプリンターで印刷し共有しまし
た（写真5）。授業者への質問（写真6）もできました。クラウド版の協働学習
アプリを使った電子実習の授業等にも参加でき（写真7）、定期テストも受験で
きました。約3か月間の入院生活で156時間の授業配信を受けた生徒Bは単位履
修が認められ、退院後、自宅療養期間を経て復学しました。そして、高等学校卒
業後は、就職活動を始めることができました。

（4）成果

　入院する高校生の支援について、高校生活の切れ目を作らない環境を整えること
が心理的安定においても有効でした。同時双方向型配信授業は、単位の履修や修得
につながらない場合でも、復学支援に有効でした。このような取り組みは、医療関
係者と在籍高等学校の連携の中で進めることができます。特別支援学校（病弱）の
センター的機能は、高校生支援を進める上で、さらなる活用が期待されます。

3 小・中学校等への支援

本校におけるセンター的機能の一つとして長期休業中の研修・相談会がある。特別支援学校（病弱）における教育について話し、個別相談会を実施した。その後、相談のあった学校とのつながりができ、支援体制ができつつある。

キーワード センター的機能、研修・相談会、小中高等への支援

（1）本校の概要

本校は、県内8つの総合病院に隣接または病院内に設置された教室があり、主に入院している児童生徒が学んでいる学校です。また、大学医学部附属病院に隣接する場所に本校舎があり、高等部生徒が通学して学んでいます。年間の延べ在籍数は、年度によって増減はありますが約200名程度です。

（2）本校におけるセンター的機能の取り組み

本県では、外部の支援を行う特別支援教育コーディネーターのことを「専門アドバイザー」と呼んでいます。その専門アドバイザーを中心に、本校では、次の3点を中心にセンター的機能の取り組みを行っています。

①病弱教育等に関する相談（電話やメールによる相談、来校・出張相談）
②学習支援（入院期間が3週間未満の児童生徒の学習支援）
③県内の小・中・高等学校の教師への支援（リーフレットの配信、病弱・身体虚弱に係る研修・相談会、病弱・身体虚弱特別支援学級や通常の学級に対する相談・支援）

（3）病弱・身体虚弱に係る研修・相談会

本校におけるセンター的機能の取り組みの中から、平成30年度の「病弱・身体虚弱に係る研修・研究会」について紹介します。この取り組みは、「病弱教育のことで悩みを抱えている県内の教師が気軽に悩みを相談できる会があるとよいのでは」という考えのもと、6年前にスタートし、試行錯誤しながら4年前より現在のような形になっています。

【対　象】県内の小・中・高等学校の養護教諭、病弱特別支援学級の担任
【参加者】全17名

参加者の内訳

学校種	養護教諭	特別支援学級担任または学級担任
小学校	3名	5名
中学校	5名	1名
高等学校	2名	1名

③　研修・相談会の内容

ア）本校の教育活動の紹介

　「病弱特別支援学校とは」「本校の
概要」「本校の授業の様子」「本校の
授業の特徴と課題」「感染症等に関
する配慮事項」「指導内容の精選の
仕方」「テレビ会議システムを利用
した教育活動」「病弱特別支援学校
の自立活動」「個別の教育支援計画・
個別の指導計画」「支援会議」「高等
部への入学」などについて話しました。

イ）大学医学部附属病院内教室の参観

　病院内の教室の様子を見ていただ
き、実際に使用している教材や、マ
スクや手指消毒などの感染症対策に
ついて体験を交えながら紹介しまし
た。

　また、離れた場所にいる児童生徒
と一緒に学習するために使用してい
るテレビ会議システムの体験をして
いただきました。

ウ）個別相談会

　参加者17名のうち7組から相談の希望があり、各組に本校の教師2名が対応
しました。個別相談会での相談内容とその対応については、表1のとおりです。

表1　個別相談会の内容と対応

相談者	相談内容	対応
小学校病弱特別支援学級担任	・休憩スペースについて ・歩き方のぎこちなさについて	・児童の学習意欲につながる休憩の仕方についての確認 ・外部専門家の派遣事業の紹介
小学校病弱特別支援学級担任	・特別支援学校への就学について	・就学相談の流れの確認
小学校病弱特別支援学級担任	・知的障害を併せもつ児童の指導方法について	・スモールステップの指導の具体的な例の提案
中学校養護教諭	・病気により車いすで移動する生徒について	・メンタル面でのサポートの確認 ・施設設備や移動支援の確認
中学校養護教諭	・主治医や保護者との連携について ・肢体不自由を伴う生徒の受け入れについて	・連携に関する本校の事例の紹介 ・小中の引き継ぎや支援会議についての確認
中学校養護教諭	・病気に関する支援について	・主治医との連携についての確認 ・支援会議の紹介
高等学校学級担任、養護教諭	・入院している生徒の特別支援学校（病弱）への転入学について	・高等部の教育の紹介 ・転入学の条件や流れに関する詳細の説明

④　研修・相談会の参加者の様子

　今回の研修・相談会には、以前本校に在籍していた児童生徒が現在在籍する学校の養護教諭や担任が多数参加していました。養護教諭の参加が多かったため、病院内にある教室の参観では、感染症対策に関する質問が多く出ました。また、個別相談会では、児童生徒の実態を踏まえたアドバイスを受けるとともに、普段課題に感じていることを聞いてもらえた満足感を感じている方が多くいました。

⑤　研修・相談会の後の取り組み

　相談・研修会の担当者が集まり、個別相談会で相談があったケースを中心に、本校として継続して対応をした方がよいと思われるケースを確認しました。その後、専門アドバイザーが電話で連絡を取り、必要に応じて適切なアドバイスを行いました。

（4）病弱・身体虚弱に係る研修・相談会を受けての小学校への支援

　以前本校に在籍していた児童が通う小学校の養護教諭が研修・相談会に参加していました。そこで、養護教諭からその児童の様子が気になるという相談があり、研修・相談会終了後、専門アドバイザーを中心に支援を行いました。支援に関する経過は次のとおりです。

①　本校在籍中の児童の様子

　本校在籍中、教師が丁寧に言葉をかけたり、治療や病状を考慮して適切な目標を設定したりすることで、児童は安心して学習に取り組むことができました。

② 支援会議、個別の教育支援計画・個別の指導計画による引き継ぎ

　自立活動の目標や手立て、必要な配慮や支援について、支援会議を行い、前籍校（現在在籍する小学校）へ伝えました。

③ 現在在籍する小学校での児童の様子

　児童は学習に取り組むことはできましたが、1日中話をせずに過ごすことがあり、次第に「学校はいやだ」と言うようになりました。

④ 養護教諭の病弱・身体虚弱に係る研修・相談会への参加

　児童が現在在籍する小学校の養護教諭が研修・相談会に参加し、本校の専門アドバイザーに児童のことを相談しました。

⑤ 特別支援教育コーディネーターの来校相談

　児童が現在在籍する小学校の特別支援教育コーディネーターと本校の専門アドバイザーが連絡を取り合い、本校に来校して特別支援学校（病弱）における指導の様子を見てもらい、その後児童に対する適切な支援や医療機関との連携について話し合いました。

⑥ 児童の在籍学級の検討

　小学校の特別支援教育コーディネーターが医師と連携し、組織的に就学相談を行い、児童に適した教育のあり方を検討しました。それにより、病弱特別支援学級に在籍することになりました。

（5）まとめ

　本校の課題として、児童生徒が前籍校に戻った後の支援がなかなかできないことが挙げられます。支援会議や個別の指導計画等で児童生徒に関する引き継ぎを行いますが、それだけでは十分に伝わらない部分もあります。今回、研修・相談会をきっかけに、学校間でつながりをもつことができ、専門アドバイザーを中心に支援を行うことができました。研修・相談会を行うことで、顔の見える関係ができて連絡を取りやすくなったためと考えられます。本事例の他にも、病弱特別支援学級新設に伴う支援の依頼など、病弱教育に関する訪問による相談の依頼が数件あり、専門アドバイザーが学校へ訪問して支援を行いました。このような取り組みにより、さらに研修・相談会の参加者が増え、つながりが強化され、本校のセンター的機能の充実が図れるとよいと思います。今後も、さらなるセンター的機能の充実を目指し、これまでの取り組みを発展させていきたいと考えています。

第3章

病気等の状態等に応じた指導と配慮

1　悪性新生物（白血病・脳腫瘍等）

　悪性新生物は、いわゆる「がん」で、放置すると、比較的短期間で増殖が続いたり転移したりすることで生命に危険を及ぼす病気です。発生起源により肉腫、癌腫に分類されますが、小児の場合、血液系のがん（白血病など）、固形腫瘍（骨肉腫、脳腫瘍など）が比較的多いです。前者は抗がん剤や放射線治療が中心となり、後者は抗がん剤や放射線療法の他に、手術の対象となります。初期の症状は、感染症を疑う発熱や疼痛で発見されることが多く、思春期では、症状を訴える時期が遅いだけではなく、小児内科と成人内科のはざまで専門医による診断が遅れる例もあります。

　白血病では、最近、効果的な治療や骨髄移植（臍帯血移植も含む）で生命予後は格段に改善されました。80％以上の高い生存率となる疾患もあり、いわゆるサバイバーとして、社会で活躍する人が増えています。また、長期入院ではなく、例えば、成人では外来で抗がん剤などの治療を行うことが増えており、小児も比較的短期の入院や再発による再入院といった治療形態が変化していることから、連続性のある多様な学びの場が特に重要視されます（前籍校への復学や前籍校への支援）。小児がんの子どもたちの教育を考える上で、入院中の病院における教育（いわゆる院内学級など）の学籍という制度上の問題もありますが、がんの宣告や治療の副作用（治療で痛みを伴う、身体が疲れやすい、脱毛などコスメティックな対応など）で十分な配慮が必要です。加えて、治療中の感染予防、通院治療などの負担、治療期間中の学習空白などに対しても配慮が必要です。

　また、放射線治療や髄腔内の抗がん剤投与などが必要な場合、晩期合併症として、不妊や高次脳機能障害などがあり、治療期間中に受ける教育の充実だけでなく、将来を見通した教育的な配慮も必要となります。固形腫瘍の場合、手術により身体障害を伴うことがあるため、肢体不自由のある子どもの教育や合理的配慮についても考慮する必要があります。

　なお、多くの患児の生命予後は改善されましたが、今でも死に至る例、いわゆる終末期（ターミナル期）の治療が必要な場合もあり、今までと同様に、特別支援教育の関わりが重要です。

3歳で小児がん発症。小学校に入学し2週間ほど登校するが再々発となる。入学後すぐに入院となったので、前籍校の友達や担任とのつながりを大切にしながら治療や学習にも前向きに取り組むことができるよう指導した事例である。

キーワード 治療と学習、心理面への配慮、教材教具、前籍校とのつながり

（1）学習について

① 実態把握と個別の教育支援計画

3歳で小児がんを発症し、長期入院して治療を受けたものの再発し、幼児期に何度も入退院を繰り返していました。1年生に入学する春には、ようやく病状も安定し、明るい希望をもって地元の小学校に入学しました。しかし、友達や先生と一緒に過ごすことができたのは2週間ほどです。再々発とわかり、再び入院となりました。小児がんは長期間の入院治療が必要なため、地元の小学校から特別支援学校へ転学し、病院内の教室で学習することになりました。

入院時は、児童も保護者も気持ちが沈み、また、体調が優れず、検査や治療による痛みや副作用等の影響もあり、不安でいっぱいの様子でした。保護者と面談をし、病状や願いを聞くと、「先のことがわからないので、できるだけ楽しく学習できたらよい」とのことでした。

入院時の実態や児童と保護者の願いから、「前籍校とのつながりを大切にしながら、楽しく意欲的に取り組める学習や、気分転換できる活動を行い心理的な安定を図る」ことを目標とする個別の教育支援計画を作成し、指導に取り組みました。

② 治療と学習

抗がん剤治療は、数週間を一つの治療サイクルとしているものが多いため、抗がん剤を投与した時期、感染症に気を付けなければならない時期、次の治療に入る前の時期と、その時期に応じた指導の内容を考えました。

ア）抗がん剤を投与した時期

吐き気や嘔吐、腹痛など副作用でつらいとき、また、アレルギー症状観察のためにモニターがついているときは、ベッドサイドで学習します。体調が悪いので、通常の授業のようには進められません。児童のつらさや不安な気持ちに寄り添い、本の読み聞かせをしたり、興味・関心のある話をしたりします。この時期は、

数日から1週間程度続きます。

イ）感染症に気を付けなければならない時期

吐き気や嘔吐、腹痛などでつらい時期を過ぎると、抗がん剤により白血球や好中球が減少するため、感染に対する抵抗力が落ち、病室やクリーンルーム内から外に出ることができなくなります。教室に行くことができないので、引き続きベッドサイド学習となりますが、身体的につらい時期ではないので授業を進めることができます。この時期は、1週間から2週間程度続きます。

ウ）次の治療に入る前の時期

白血球や好中球が増えてくると、体調も安定し、教室に移動して学習できるようになります。音楽や図画工作、体育など教室でしかできない学習にも取り組むことができるので、児童は心待ちにしています。また、自宅に外泊できるのもこの時期なので、児童にとっては、楽しみの多い時期でもあります。この時期は、1週間から2週間程度続きます。

（2）心理面への配慮

再入院となり、病気そのものへの不安、治療や検査による痛みや副作用、家族や学校の友達と離れた寂しさ等、児童は様々な不安を抱えていました。そこで、折り紙や切り絵、ビーズ作りなど、児童の好きな活動を学習の合間に取り入れるようにしました。細かい手作業が大好きで、次々と作品を仕上げることができました。完成した作品を病室に飾ると、その作品を通して医師や看護師とも会話が弾み、病室でも笑顔が見られるようになりました。

また、機会があれば、教室の仲間と一緒にボッチャやボードゲームを楽しむ時間も設けました。病室で、教員と1対1で学習することが多かったため、友達と交流することができ、生き生きとした表情が見られました。

（3）学習指導面での配慮

前籍校で学習してきたことを継続することにより、「病院に入院していても、クラスのみんなと同じ学習をしている」という安心感とやる気につながりました。そのため、前籍校の指導計画を参考に学習指導を進めました。このことにより、退院後もスムーズに学校に戻ることができました。

（4）教材・教具

感染症が心配されるため、屋外での観察や施設見学、教室内への動植物の持ち込みができません。そのため、生活科の「アサガオ」を育てる学習や「虫の観察」

は、デジタル教材を活用しました。また、病室での学習時もパソコンやタブレット端末をベッドサイドに持参することで、デジタル教材の動画視聴をすることもでき、学習内容の理解をより深めることができました。タブレット端末は、軽量でコンパクトなため、ベッド上でも有効に活用できました。

（5）前籍校のクラスとのつながり

前籍校とのつながりを意識できるように、クラス宛てに図画工作の作品の写真を送ったり、国語の作文や書写の作品を送ったりしました。病院でも、前籍校のみんなと同じように頑張っていることをクラスの友達に伝えると、クラスの友達からも応援のメッセージが届きました。こうした前籍校との交流及び共同学習を継続することにより、厳しい治療にも前向きに取り組む姿勢や、退院後スムーズに前籍校に復学することにもつながっていきました。

（6）病院・前籍校の担任・保護者との連携
①　病院

病院内のカンファレンスに参加し、児童の病状や治療計画等を把握し、学習指導に役立てていきます。また、主治医や看護師とも児童の情報交換が常にできるように連携していきます。

②　前籍校の担任

前籍校の担任には、入院時に「病院内での教育」というプリントを渡して理解を促し、児童の作品や手紙等での交流についての協力もお願いしました。また、小学校で使用していた音読カードやドリル、ワークテストなどを送ってもらったり、定期的に学習の様子をお知らせしたりして、教師間の連携も密にして指導にあたりました。退院前には、前籍校に登校する時期の学習進度を確認し、進度をそろえて不安なく登校できるようにしました。

③　保護者

保護者には、児童の学習中の様子や頑張ったことを、学習後に口頭や連絡帳で伝えました。また、鍵盤ハーモニカの演奏を聴いてもらったり、ボッチャのゲームに参加してもらったりと、児童の頑張る姿や笑顔で生き生きと取り組む姿を参観する機会をできるだけ多く設けるようにしました。

このように、病状に応じた適切な配慮と効果的な指導により、治療や学習にも前向きに取り組もうとする児童の姿を見ることができました。

2　筋ジストロフィーなどの神経・筋疾患

　病弱教育の対象として、脳性まひなどの神経系疾患、筋ジストロフィーなどの筋疾患があります。特に、中枢神経の疾患として知的障害を伴う場合は、重症心身障害で説明します。

　解剖学的にみると、人の行動・運動には、大脳運動野から脊髄までの神経（錐体路）、脊髄前角から筋肉までの神経（運動神経）を介して、筋肉が収縮することが必要です。これらを神経・筋単位と呼んでいます。つまり、運動障害は、筋肉の収縮をコントロールする神経原性疾患と筋肉そのものによる筋原性疾患に分かれます。また、神経と筋肉をつなぐ伝達物質の障害として、重症筋無力症もあります。

　神経系の疾患で運動障害を起こす例として、大脳の障害となる脳性まひ（出生時の虚血性脳障害や低出生体重などが原因）、外傷による脊髄損傷や末梢運動神経損傷があります。遺伝的あるいは先天性の疾患は「11. 重症心身障害」で説明しますが、筋萎縮性側索硬化症のように知的障害を伴わない運動障害を起こす疾患もあります。

　筋原性疾患では、代表的な筋ジストロフィーとミオパチーがあります。遺伝子の解析で、筋ジストロフィーは、ジストロフィンという筋肉の構造を支えるタンパク質が同定され、遺伝子異常により何らかのジストロフィンの変異が原因であることがわかってきました。今後、新しい薬の開発など治療の進展が望まれます。筋ジストロフィー以外の筋疾患は、ミオパチーといいますが、様々な原因の疾患を総称しています。

　筋ジストロフィーの主な症状は、主に歩行障害などの運動障害ですが、先天性の場合と、徐々に症状が出現する場合があります。歩行困難から、四肢の動きの障害、同じ横紋筋である呼吸機能の障害等がありますが、特に、呼吸機能の障害をきたす場合には予後不良といわれていました。最近では、気管切開や人工呼吸器等の医療的な補助機器により生命予後は改善されていますので、教育現場では医療的ケアが重要となっています。また、ICT 機器の活用により、日常生活や学習上の困難についても改善されています。そのために、従来は特別支援学校（病弱あるいは肢体不自由）に在籍することが多かったのですが、最近では、地域の小・中学校、高等学校に在籍する児童生徒が多くなりました。医療との連携や特別支援学校のセンター的機能が期待されます。

事　例

入院しながら隣接する特別支援学校に登校している神経・筋疾患の生徒の学習の取り組みを、病気の進行に伴う機能低下や障害特性から見た合理的配慮の観点から紹介する。

キーワード | 車いすスポーツ、修学旅行、支援機器、遠隔交流

（1）車いすスポーツについて

病気の進行に伴って運動機能が低下したことによる喪失感は、自尊感情の低下をもたらし、特別支援学校に転入学するときには、集団活動やコミュニケーションに対して苦手意識をもった状態になっている児童生徒も見られます。

他の児童生徒との運動機能の差が拡大する学齢期は、体育等の活動は学年が進むごとに参加が難しい場面が増えるようですが、道具やルールの工夫次第では主体的に取り組むことができるようになります。

本校では、スポーツする際に使用する道具は、児童生徒個々の身体状況に応じて作成するため、事実上、一人ひとりの専用器具となります。特にスティックホッケーで使用するスティックについては、実際のプレーを通して児童生徒の意見を取り入れながら随時、形状や素材を変更し作成しています。相談しながらスティックを作成することで、児童生徒は自分自身の体の動きや状態を認識することができ、自らの考えや要望を他者に伝えるよい練習の機会になっています。

<本校で行われている車いすスポーツの例>

・スティックホッケー　・カーリング　・卓球　・野球　・バレーボール

<車いすスポーツの様子>

スティックホッケー

カーリング

卓球

（2）修学旅行・校外学習について

　修学旅行・校外学習での緊急時に必要な基本情報は「個人データシート」にまとめます。データシートには、身長・体重、血液型、バイタルサイン、呼吸管理、食事形態（食事量、アレルギーなど）、水分摂取、排泄、服薬状況、体調不良時の指示事項などを記載しています。

　行き先の選定では、体調不良時に利用可能な休憩場所の有無のほかに、電源が確保できることが重要になります。緊急時に咳を介助する機器や人工呼吸器などの医療機器を使用する際に必要になるからです。

　行き先の施設や交通機関との打ち合わせでは、車いすのサイズや児童生徒の様子についてイメージを共有するようにしています。航空機を使用する場合は、航空各社の窓口に事前問い合わせを行うことで、医療機器の持ち込みや電動車いすの預け入れなどがスムーズになります。

（3）支援機器の活用について

　病気の進行に伴う運動機能低下のため、中学部・高等部段階から学習形態をパソコン主体に移行するケースが増えてきます。パソコンやそれを操作する際の支援機器については、誰でも簡単にセッティングできるようにシンプルな構成にします。

　物理的にキーボードの操作が困難な児童生徒でも、マウスの操作が可能な場合には、Windowsパソコンの標準機能であるスクリーンキーボードなどのソフトウエアキーボードを使用することで、パソコンへの文字入力が可能になります。

　また、ノートパソコンを使用する際は、前傾姿勢になりやすいですが、モニタースタンドを活用して視線の位置を調整することで、無理な前傾姿勢を取ることなく画面を見ることができるようになり、身体への負担を和らげることができます。生活場面での様々な活動が困難になってくる時期と重なる中学部・高等部段階は、運動機能の低下により自尊感情を失いやすいのですが、積極的に支援機器を導入することにより、活動の質や内容を保障することが可能となります。

＜モニタースタンドの活用例＞

（4）遠隔交流について

　入院しながら学ぶ児童生徒の場合、感染症予防のため冬期間の外出は困難となります。また、それ以外の季節であっても、経験の不足や前籍校での学習空白のほかにも、少人数での学習時間も多く、交流及び共同学習や校外での学習の機会も限られています。そのため同年齢集団における対話的な学習活動をどのように保障していくのかが課題となります。

　インターネットと Web カメラ等を活用したテレビ会議システムは、学習の可能性を大きく広げるツールとなります。専用機器を使ったシステムもありますが、Skype や Zoom などのアプリケーションを使用すると、比較的簡単に遠隔交流の仕組みを構築することができます。

　修学旅行等の行き先からの中継では現地にいる児童生徒の生き生きとした様子を見て、在校の児童生徒も「次は自分が」という具体的な憧れと希望をもつことができるようになりました。

　地域の小・中学校等との交流及び共同学習の実施に際しては、お互いの学校の年間指導計画を参考にしながら授業進度の事前調整を行っています。一度限りの交流ではなく、継続した取り組みにしていくためには、学習指導要領との関連や年間指導計画での取り扱いについても各校で整理し、教育課程上の取り扱いを明確にすることが必要となります。

　離れた場所にいる同世代の仲間とリアルタイムで学習活動を共有する一体感や高揚感は、地域の小・中学校の児童生徒にとっても学習意欲や目的意識の向上に大変有効です。学校外でのインターネット接続やシステム準備など、ハードや運用面での課題については、各校の実態に応じて簡易なマニュアルを整備するとよいでしょう。

＜遠隔交流の様子＞

3　喘息などの呼吸器系疾患

　特別支援教育（病弱教育）の対象となる呼吸器疾患として、長期の療養生活を行う気管支喘息があげられます。しかし最近の治療法の進歩により、罹病率は大きく変わらないものの、入院治療する例は激減し、小・中学校の通常の学級に在籍する子どもが多くなりました。気管支喘息は、様々な誘因により喘鳴などの症状を伴いながら、呼吸困難を引き起こしますが、最近では、気道の慢性炎症と理解され、呼気 NO（一酸化窒素）測定による炎症の評価、呼吸機能検査による呼吸機能の評価など客観的な指標が適応されるようになりました。日頃の管理には、標準化された質問紙を用いた喘息コントロールテストなど主観的な指標とピークフローという客観的な指標で子どもの状態を把握することができるようになりました。

　また、治療目標は、発作時の対応や発作の軽減ではなく、「発作ゼロ」を目指して、症状のコントロール、呼吸機能の正常化、QOL の改善を目指しています。それを支える医療として、抗ロイコトルエン薬の服用やステロイドの吸入など日本小児アレルギー学会が作成している「小児気管支喘息治療・管理ガイドライン」による治療が普及しています。症状に合わせて、ステップアップとステップダウンによる、適切な治療を行うことで、発作を起こさない治療が実現できています。従来は、成長とともに治癒するといわれていましたが、成人喘息へ移行する例も少なくありません。また、思春期になると治療の中断例や治療が必要な例（かくれ喘息）も見られます。社会的要因（医療的ネグレクト）により十分な治療を受けていない例もあり、治療遵守（コンプライアンス、あるいは、最近ではアドヒアランス）＊が重要視されています。以前は、特徴的な心理的所見が報告されていましたが、今なお、不登校の原因となることもあり、特別支援教育が必要となる例もあります。この場合は、治療に加えて、心理的な支援を含めた教育が重要となります。

　小児慢性特定疾病の呼吸器疾患の対象として、気道 狭 窄、先天性中枢性低換気症候群等の他に気管支喘息も対象ですが、疾患名だけではなく、病状を加味して対象が決まります。気管支喘息の場合は、病状（対象となる重症の基準あり）、気管切開の有無、1か月以上の入院等の医師の意見書を参考にして判定されます。

＊補足
　医療の世界で「コンプライアンスが良い」とは、患者さんが医師の指示通りに治療を行っている（多くは、薬を飲んでいる）場合をいいます。慢性疾患の治療には非常に重要な考え方でした。最近では、アドヒアランス（adherence）を用いることが多くなりましたが、患者さんが積極的に治療方針の決定に参加し、その決定に従って自ら治療を行う（行動する、薬を飲む）という考え方で、慢性疾患の治療における行動変容の重要さとそれを支えるのが医療の役割といえます。気管支喘息は、以前より、その大切さが医学会で議論されています。

　幼少期から通院しながら喘息治療を行う中学校に在籍する生徒。季節の変わり目、空気の状態が悪いときに発作が起き、保健室で発作止めの投薬を行ったり、大発作のときには医療機関を受診する生徒の事例である。

キーワード　EIA（運動誘発性発作）、PF（ピークフロー）値

（1）学校生活について

　小児喘息と診断されて登校する児童生徒には、学校生活において発作を誘発するような要因について教職員が配慮する必要があります。この生徒の、学校生活において発作が起こる環境的な要因として考えられるのは、「チョークの粉」「木工の粉塵」「校内での動物飼育」「器械体操のマット」「花瓶の花の花粉」等がありました。学級の係分担を決めるときなどで本人が発作が起きる要因に関係する係（黒板消し係等）を強く希望する場合は、保護者に相談し対応しました。基本的には「喚気をよくする」「マスクをする」などの対応が大切だと考え、係活動のときには、言葉をかけるようにしました。

　容態に変化があったときの対応についても、養護教諭と確認をしておくことが大切です。また、運動することによって誘発される、喘息症状（運動誘発性喘息：EIA）も指導上、確認する必要があります。EIA は、激しい運動中や運動後に喘息症状が見られ、このとき、PF（ピークフロー）値が低下しています。対応としては、運動の中止や軽減をしたり、保健室で投薬し、授業を見学したりするなど、発作への対処を行います。学校生活の中では運動中や、運動が終わった後に症状が出ることによって、「怠けている」「怠慢だ」などと誤解されてしまうこともあるようです。

　本生徒は、保健体育の授業の場面や部活動の時間に EIA 症状が見られる場面がありました。このことを踏まえて、喘息症状のある児童生徒に対しての運動時の配慮については、①身体が温まるような十分な準備運動を行う。②軽い運動から慣らしていくようにする。③鼻から息を吸うように呼吸をし、寒い時期には、冷たく乾燥した空気を気管支に直接入れないように工夫することなどがあげられます。重ねて、教師から運動前後に、耳を両手で塞いで胸を開き短く大きな呼吸を行って「喘鳴有無の確認」を行うと、自分自身で体調管理ができることにつながります。気温、湿度などの気候の変化によっても喘息症状は誘発される場合もあるので、「気温」「湿度」「気圧」「PF 値」を記載する記録用紙を作成して、活

動を振り返ることができるようにするなどの工夫をします。それにより効果的な体調管理をすることができるだけでなく、医師の診察の際に、客観的な情報を提供でき、より効果的な治療につながります。

（2）心理面への配慮

　心理的な要因から誘発する発作についても配慮しなければなりません。本人が「大事なときに、発作が起きないだろうか」「治療をしても思っているほど改善しない」「喘息のことで授業を妨げられることが多いので、これから先の勉強がついていけるだろうか」などと考えてしまうことで、心理的な不安やストレスから発作を誘発したり、症状の悪化につながる場合があります。また、喘息症状が悪化して欠席や欠課時数が増え、学校・友人から疎遠になることで、不登校のきっかけになることもあります。時間をかけて継続的にできたという成功経験が少ないために自信をもてないでいる児童生徒も多いです。そのため、児童生徒が喘息を治療しながら、喘息とうまくつきあい、学校生活に参加することが大切です。そこで教職員は、喘息についての知識をもち、喘息疾患の児童生徒と、周囲の子供たちとの共通理解の橋渡しをすることが重要になります。担当の教職員が喘息という病気についてわかりやすく説明できると、周りの理解のもと本人が安心して学校生活を送ることができると考えられます。

　また、喘息治療中に発作が出ていない期間が長くなると、「もう大丈夫」「もう治った」と考えてしまうケースもあります。そんなときは、治療に対する気持ちが遠のいてしまう場面も見られるので「今は発作が出ていないけど、これからの将来に向けて健康の貯金をしよう」と言葉をかけるようにしています。年間を通じて安定した健康状態が保てるようにすると、心理的に落ち着いて生活ができ、心理面の不安定さから誘発されにくくなるでしょう。

事例2

　特別支援学校（病弱）に在籍する生徒で、小学校低学年から入院しながら喘息治療を行ってきた生徒の事例である。

キーワード　自尊心を高める、進路決定

（1）学校生活について

　小学校低学年から喘息と診断されて入院し、治療を続けながら、隣接する特別支援学校（病弱）に登校していました。小学校高学年の頃から大きな発作が見ら

れなくなり、中学生になる頃には喘息の症状がほとんどあらわれず、学校生活も安定していました。しかし、病院生活と特別支援学校の生活が長かったためか、「同世代の中学生と、自分自身を比べてしまうと自信がない」という発言がありました。健康の保持を目的として自立活動の時間に行われる、毎朝３kmの持久走、週１～２回の水泳への取り組みを続けていく中で、徐々に「自分もできる」という気持ちが芽生えて自尊心が高まってきました。行事の中で1,500 mを25分で泳いだり、１時間の持久走で13km走ったりできるようになり、自信をもてるようになってきました。災害の多い年だったということもあり、人を助ける自衛官になりたいと進路を定めました。そして目標をもって受験勉強に取り組み、現在では志望校に合格し、将来の目標を胸に高等学校に通っています。

（２）復学・進路支援

　特別支援学校（病弱）に在籍する喘息の児童生徒は、治療終了後に前籍校に戻るか、最終学年の場合は新年度から進学することになります。前籍校の通常の学級に通う児童生徒に対して、また、新しいクラスや環境に対して不安になりがちです。その際には、受け入れ先の学校に治療状況を連絡するとともに、必要に応じた対応について確認をすると、家庭と受け入れ先の学校の協力体制が整い、安心して学校生活を送ることができます。また、本人が治療を通して喘息に対しての自己管理（服薬とアレルゲンの対応、体調に応じた活動の仕方）の方法を身に付けておくことも大切になります。中学３年生の進路指導の場合は、家庭や本人の希望もあると思いますが、退院後に通院を伴うケースがあるので、進学後の治療の継続を無理なく行えるように進路指導をすることも大切になります。基本的には本人が得意なことや興味がある分野の学校に進学することが、継続して出席することにつながっていくので、各高等学校の体験会には積極的に参加できるように促すことが大切になってきます。志望校が決まり実際の試験になる前の段階では、自分自身の喘息に対する理解が深まっていることが望ましいです。発作時の対応や、周囲の人々に対して理解を説明できることで落ち着いて試験に臨むことができるからです。高等学校によっては、「試験時の配慮についてありますか」と聞かれる場合もあるので、その際は主治医からの指示に従うようにすると良いです。進学後も、前籍校に戻る場合と同様に、受け入れ先の学校に治療の状況を連絡するとともに、発作等の対応について確認をする必要があります。本人の実態や治療の経過については保健調査書などに記入して伝えることもできると思いますが、支援会議などで病状や配慮事項などの引継ぎを行うことが望ましいです。その際に主治医からの指示書等があると、生徒の実態に則した引継ぎにつながるでしょう。

4　ペルテス病などの骨・関節系（小児整形外科領域）の疾患

　小児期の整形外科領域の疾患は、先天性股関節脱臼、先天性内反足等の関節系疾患、また、骨形成不全症や軟骨無形成症をはじめとした骨系統疾患、あるいは、多指症・多肢症等の奇形性疾患は、乳幼児期に診断・治療が行われています。一方、ペルテス病、側弯症等は、一定の成長を経て症状が発現してくる疾患群です。

　将来に運動機能障害を残さないために、早期診断・治療が重要となり、実際に、先天性股関節脱臼による肢体不自由に占める頻度は減少しています。なお、骨・筋系統の悪性腫瘍も含みますが、これについては悪性疾患で述べています。

　痛みと跛行等の症状が明らかに出て診断される場合と、明らかな症状はないものの、いわゆるスクリーニングによって診断される場合とがあります。装具等を用いた保存的治療法と手術療法がありますので、専門医による診断と治療の選択が重要となります。

　学童期に多い疾患として、ペルテス病と側弯症があります。

　ペルテス病は、骨成熟するまでの間に発症した、血行障害により生じる大腿骨頭の壊死を起こす病気であり、症状としては、痛みと跛行が特徴的です。痛みは、患部である股関節だけではなく、大腿部あるいは膝関節痛となる場合があります。そのために、他の疾患や成長痛と間違われる場合もありますので、専門医による診断が重要になります。特に、跛行を伴う場合には、ペルテス病を疑う必要があります。病状に応じて、保存的治療法と手術療法が行われます。

　側弯症では、小学校高学年から中学校時代に発症する思春期特発性側弯症が最も多く、女子の比率が高いものです。学校の健康診断における重要な対象疾患です。病状に応じて、装具による治療と手術療法が行われます。装具は、かなり負担になる例も多いので、治療継続のためには、教育上の配慮も重要となります。

　いずれも、入院治療の場合には、特別支援教育が継続的に必要となりますが、入院をしない場合であっても、受診によって授業を欠席することからおこる学習空白、車いすなどを使うので、教室の空間配置や運動制限による体育等における合理的配慮が必要であり、特別支援学校（病弱）のセンター的機能が期待されます。

事　例

特別支援学校（病弱）の小学部に在籍するペルテス病の児童は、足を牽引する場合はベッドで登校し、装具が完成すれば、車いすで登校する。復学を見据え、通常の小学校生活に近い学校生活を目指した事例である。

キーワード｜教室環境整備、体育、ストレス発散、復学支援

（1）学校生活について

①　ペルテス病の配慮事項

ペルテス病の児童は、入学（入院）当初は牽引（足に重りをつけて引っ張った状態）した状態でベッドに横になりベッドごと教室へ登校することがあります。その後、手術をせず患部関節の免荷をする児童はバチュラー型外転装具（以下、「バチュラー装具」という。）をつけて登校します。

写真1　バチュラー型外転装具

牽引をしている状態では、ベッドで寝た状態での学習になるので、教室内で黒板を見やすい位置を探したり、ノートやプリントに書き込みやすいような補助具を工夫・作成したりすることが必要となります。仰向けでもノート等への記入がしやすいように、傾斜板をベッドに載せて授業をします。仰向けで文字を書くことは、傾斜板を使っても難しく、児童にとってはストレスになってしまうため、ノートにまとめる内容も過度な負担とならないように配慮する必要があります。手術後にベッドに乗って登校した場合にも、同じように工夫しています。牽引をしている状態では、足に重りを下げているので、他の児童や教師がその重りにぶつかり、揺らすことがないように配慮しています。

バチュラー装具をつけた状態では、患足を他の物へぶつけないように配慮しています。バチュラー装具をつけると足を開いた状態となるため、机の下に足が入るように机を高めに設定することや、動くときに他の児童とぶつからないような動線を確保をすることが必要です。バチュラー装具をつける児童は低学年が多く、元気で動き回りたい児童が多いです。休み時間に、他の児童とぶつからないような教室環境の整備や、遊びなどの活動の提示を行っています。

②　学習面での配慮事項

　ペルテス病の児童の実態は様々です。転入前は小学校の通常の学級に在籍していた児童だけでなく、特別支援学級に在籍していた児童もいます。どの児童も地域の小学校に復学したときに学習進度に遅れがないようにすることや、地域の小学校と同じような経験ができるように学習形態を工夫しています。本校ではペルテス病の児童の多くは、病院内に設置された教室に登校し、毎日５～６時間の授業を受けます。本校は入院・入所する児童生徒が在籍する学校のため児童数の変動が大きく、少ないときは１人ということもあります。そのため、対話を通した学習活動が難しいことがあります。その場合は、他の病棟で学習している児童とテレビ会議システムでつないだり、近い学年と協力して授業を行ったりすることで小学校に近い経験ができるようにしています。

　また、体育は病院に設置されている体育館で様々な競技を行います。小学校と同じ体育の内容を取り扱うことは難しいため、車いすでもできるような競技を設定しています。他の病棟から参加する児童もいるため、立って活動する児童と車いすで活動する児童の双方が、楽しく達成感の得られる競技内容・ルールを考え、設定しています。以下に、毎年行っている競技を１つ紹介します。

【競技名】風船バドミントン
＜使用する道具＞
　　・大きい風船　・ラケット
＜ルール＞
　　・試合中、車いすの児童はブレーキをかける。ローテーション時や位置決めのときは動いて構わない。
　　・独歩の児童はいすに座った状態で試合に参加する。風船を打つときにお尻を浮かしてはいけない。
　　・必ずパスをして相手コートに返す。

　どの競技でも、事前に教師同士でルールを確認し、そのときの児童の実態に応じてルール設定をしています。体育の時間中にチーム内で作戦会議をするなど、自分たちで考える時間も設定しています。体育の授業終了後には、教師全員で反省や次回に向けてルールの改善をしていきます。そうすることによって、どの児童も自分の力を発揮し、達成感を得られる活動ができるように工夫し、身体活動に制限がある中でも様々な配慮することにより、体育の目標を達成できるようにしています。

（2）心理面への配慮

　ペルテス病の児童のうち、保存療法をとる児童は1〜3年間を病院で過ごすことになります。幼児期から入院（入所）生活を送っている児童もおり、家族と離れて過ごすことへのストレスは計り知れないものがあります。病棟では泣いていても、学校では楽しく元気に過ごす児童も多くいます。抱えきれないストレスを、病棟や学校でぶつけてくる児童もいます。教師はそんな児童に寄り添い、心理面のサポートをしています。児童の気持ちを聞くだけでなく、室内や屋外で思い切り遊ぶことがストレス発散になります。以下に、屋外での遊びの例（ルール）を1つ紹介します。

> 【競技名】ドッヂボール
> ＜使用する道具＞
> 　・ボール（できるだけ柔らかいもの）
> ＜ルール＞
> 　・下に落ちたボールは拾わない。
> 　・ボールを投げるとき、パスを受けるときは車いすのブレーキをかける。
> 　・強く投げない。

（3）復学支援

　1年近く入院していた児童の中には、地元の学校に戻ることへの不安が強くなる児童や保護者が多くいます。そのため、復学の支援は丁寧に行うようにしています。おおむね退院後約1年間は走ることや日常生活上の動きが制限されるため、復学時には学校生活に少しずつ慣れていくようにする配慮が必要となります。基本的には重いものは持たない生活から始まります。ランドセルに教科書をたくさん入れて登下校することは控え、例えば、教科書類は学校に置くこととし、筆箱や宿題を軽めのバッグに入れて登下校させるなどの工夫が必要です。また、給食当番のときは食缶等を持つことも難しいため、牛乳やストロー等を配る係などを担当することもあります。掃除当番では雑巾がけをすることが難しいため、ほうきでの掃除にかえるなどの対応も多いです。動きに制限はありますが、できることもたくさんありますので、できることの中から役割を選ぶことが大切です。体育の授業では、足に負担のかかるものは見学となります。もちろん遊びの中でも走ることは制限されます。しかし、思わず小走りしてしまったり、激しく動いてしまったりすることはあります。活動を制限することは必要ですが、学齢期の児童にとって活発さがあることは自然なことです。時には注意する必要もありますが、子どもが明るく・楽しく・充実した毎日を送ることができるような工夫と配慮が大切です。

5　糖尿病などの内分泌疾患

　内分泌疾患は、遺伝的背景による自己免疫、胎児期から周産期の障害、後天的な感染症や事故など様々な原因で発病します。症状は、原因となるホルモンの機能によって異なりますが、分泌過剰と分泌減少によっても症状が異なります。多くのホルモンは薬剤として提供できるので、治療により症状をコントロールできることが多いです。しかしながら、服薬コンプライアンス（「3．喘息などの呼吸器系疾患」参照）が悪い場合、ストレスなど外的な影響などで症状の悪化が見られることがあります。服薬方法は、経口や経鼻、注射など様々ですが、学校で服薬が必要な場合もあります。尿崩症のように、頻回の排尿の症状がコントロールできていない場合には、学校生活でトイレなどの配慮が必要です。思春期早発症の場合は、プールでの学習などで配慮が必要な場合があります。治療により、多くの場合、外見的に気づきにくいこともありますが、もともとの病気による症状（悪化した場合も含む）により配慮が異なります。

　また、本人の病気の理解に関連して、疾病告知や心理的なサポートが必要な場合もあります。成長ホルモンの治療は、成長ホルモンの分泌不全だけではなく、ターナー症候群でも適応となりますが、単に、低身長に配慮するだけではなく、合併する他の症状、例えば将来的な不妊などを理解することは教育的な配慮としても必要となります。一方で、成長ホルモンによる治療では、表面上何ら配慮が必要ないように見え、特別支援教育の対象とは考えにくいようにも思えますが、低身長であることや、病気そのものに心的なストレスを抱えている例も見られます。病気ありきではなく、それぞれの子どもの状況を把握すること、そのために養護教諭と連携したり、保護者や主治医と相談したりすることが重要となります。

　内分泌疾患の中で糖尿病は、血糖値が正常域を超えて上昇している場合をさし、血糖値を下げる唯一のホルモンであるインスリンの絶対的あるいは相対的欠乏に基づく疾患です。その中で小児期に発症するタイプの多くは1型糖尿病と呼ばれ、生命維持のためにインスリン注射が不可欠です。インスリン注射や自己血糖測定は、痛みを伴う医療ですが、ポンプ式のインスリン注入器の使用や新しいインスリンの開発が進み、コントロールの改善が見られます。最近では、成人型と呼ばれた2型糖尿病も発症の若年化が注目されています。また、食事制限のイメージが強いですが、カーボカウント法など、自分で食事量をコントロールする方法の普及によって症状が改善されています。いずれの病型であっても生涯にわたって自己管理し、血糖コントロールの増悪によって引き起こされる合併症の予防が重要で、そのための教育や支援が大切です。現在の社会では糖尿病という疾患に対するイメージが悪く、患者やその家族においては、周囲の理解不足に基づいた精神的負担も問題となっています。

事　例

　　高等部に入学した生徒は、病気による身体症状や将来への不安感を抱えていた。本事例は、高等部入学から卒業までの生徒の症状の様子や病棟との連携、進学支援の取り組みの事例である。

キーワード 病棟との連携、身体の状態の把握、自己肯定感

（1）学校生活について（病棟との連携含む）

① 高等部入学までの経緯

　　小学校に入学後、白血病を発症し、病院内の分教室に転入しました。退院後は、地元小学校に復学して学習を進めていましたが、入院生活や家庭での食習慣、ストレス等の影響により、２型糖尿病、高度肥満と診断されました。また、地元中学校に進学後に友達との関係が難しくなり、学校を休みがちになりました。糖尿病等の治療と環境調整のため、本校隣接の病院に入院することになり、中学２年の途中から本校に転入しました。

② 高等部１年時の様子

ア）学校での様子

　　入学当初は、足への負担を軽減するために、車いすを押しながら歩行したり、疲れたら車いすに座って休んだりといった学校生活を送っていました。ときどき頭痛などの不調を訴えることがあったため、授業時間内に短い休憩を取る等、体調を整えながら授業に参加しました。

写真1　授業の様子

イ）病院での様子

　　足の骨折で車いすを使用していたので、しばらくの間、登校時は病棟の児童指導員が付き添いました。下校後は病院内で児童指導員や作業療法士等と運動をしました。糖尿病や高度肥満への服薬はインスリン注射等ではなく、錠剤で対応しました。また、看護師の管理のもと血糖値を測定し、生徒が自分の身体の状態を把握することができました。運動や服薬、学校での集団活動を行うことで、徐々に体重が減ったり血糖値が正常値に近づいてきたりしました。

ウ）家庭での様子

　　週末は自宅で外泊して過ごしていましたが、間食の多さなど、食生活の乱れが主治医や病棟の児童指導員から指摘されていました。高等部進学後、自分の進路

第3章　病気等の状態等に応じた指導と配慮

に対する不安が軽減されたことで、外泊時の食生活も徐々に改善され、間食が減る等の様子が見られました。

③　高等部2年時の様子

ア）学校での様子

1年時に引き続き、病院から登校して学習を進めました。授業や学校行事に参加する中で体力がつき、体重が順調に減少していきました。ときどき頭痛や目まい等の体調不良を訴え、欠席することもありましたが、体力がつき、身体の動きもスムーズになっていきました。また、児童生徒会長に選ばれ、

写真2　総合的な学習の時間の様子

学校行事の企画等、様々な役割を果たしていったことで、教師からの称賛の言葉も増加し、自信をもって諸活動に参加できるようになりました。

イ）病院での様子

年度途中に本人と保護者から希望があり、自宅から一人で通学することになりました。身体の状態が安定してきたため病院を退院し、それ以降は1か月に1度の受診で経過を観察しました。

ウ）家庭での様子

自宅で過ごす時間が増えたことや、授業で調理に興味をもつようになったことから、健康に気をつかったメニューを考案したり、毎日の弁当をカロリーを考えながら作ったりするなど、さらに自分の体や食生活を顧みるようになりました。

④　高等部3年時の様子

ア）学校での様子

目まいや疲労感などの症状があまり出なくなり、自力での通学を続けて体力がついていきました。それとともに通学方法をバスから電車に変更し、歩く距離を長くしました。これにより体重も徐々に減少し、以前のような体調不良による欠席がほとんど見られなくなりました。また、2年時に引き続き児童生徒会長に選ばれ、いっそう積極的に行事に参加したり、他の児童

写真3　修学旅行の様子

生徒とも適切にコミュニケーションをとったりする様子が見られました。

（2）心理面への配慮について

①　教師の指導

病歴や不登校の経験等、本人の不安感や自己肯定感の低さにつながる要素が多

くあったため、授業担当者やホームルーム担当者など、教師が一丸となってアプローチしました。糖尿病に起因する疲労感や目まい、頭痛を訴えたときには活動を強要せず、自分の机で休んだり保健室に行くよう促したり、一対一で話を聞く時間を設けて本人からの言葉を受け止めるなど、気持ちに寄り添った支援を主に行いました。中学部在籍時も、教師が同様のアプローチをとっていたおかげで、高等部進学後にやっと成果があらわれました。

② 進路指導との関連

　2年生と3年生のときに、希望する専門学校のオープンキャンパスに参加し、自分の興味・関心がある進路先を考えることができました。学校内でも卒業生や外部講師の話を聞く等の機会があり、進学する意欲が高まりました。糖尿病の症状も軽減したため、自分の進路を自分で切り拓いていけるという自信を高めていきました。

写真4　実習報告会での司会の様子

　3年時に産業現場等における実習を行ったときは、疲労しやすいことや足への負担に配慮する必要がある等、身体の状態を自ら相手に伝えることができました。

　自分の身体の状態を把握し、病状が安定したことで、自信をもって活動することができたのだと思います。

（3）まとめ

　指導や支援に携わる教師間で受容的・共感的なアプローチを続け、本人の不安感や悩みを軽減させ、糖尿病の症状など自分の身体の状態に対する意識が変化してきました。その結果、内面の成長も見られ、自ら進路を切り拓くことにもつながりました。

　一方、在籍途中で退院して自力通学となったため、入院中と比べて身体症状を学校側が把握することが困難になりました。退院後は1か月に1度の通院をして経過観察をしていましたが、目まい等の症状は引き続き見受けられました。病院と連携し、通院時の状態を学校側が把握すること、そして、家庭での食習慣を継続して整えるためにも、家庭へのアプローチが課題となりました。

　糖尿病は、定期的に通院しながら血糖の自己管理を行っていく必要があります。本人の自覚を促し、生活上の自己管理、例えば、感染症に罹患しないように気をつけたり、食事療法や運動療法を守ったりして、規則正しい生活を送るよう指導することが重要です。

6 アレルギー疾患

　小児期の難病として指定される小児慢性特定疾病には16の疾患群がありますが、アレルギーはその対象疾患群にはありません。しかしながら、アレルギーに罹患している子どもは多く、アナフィラキシーショックでは、生命に危険を及ぼすことがあるので、特別支援教育を含む学校教育現場での理解が不可欠といわれています。

　アレルギー症状は、原因となるアレルゲンが体内に入ることで発現します。全ての人に症状が出るのではなく、いわゆるアレルギー体質のある人に症状が出ます。アレルギー体質については遺伝学的な研究も進んでおり、また、疫学的な研究では、日本では半数以上にアレルギー疾患の家族歴があるという結果もあります。アレルギーが増えている理由として、アレルゲンの量の増加、環境的に何らかの影響を及ぼす物質の増加などもいわれていますが、明確なものはありません。また、アレルギー体質にも様々なヴァリエーションがあり、アレルゲン量による反応の違いや感作のルート等によって異なります。さらに、体調によって、アレルギー症状の出方が異なりますので、要は、個々の子どもに応じた対応が必要であるといえます。

　アレルゲンとしては、食物、ダニ、花粉、昆虫（ハチ）などが代表的なものですが、以前は少なかった果物もアレルゲンとなります。症状の中で、粘膜症状としては、鼻炎、結膜炎、口腔内粘膜腫脹、喘息（呼吸困難を含む）、下痢・嘔吐（消化器症状）などがあり、皮膚症状としては、蕁麻疹、アトピー性皮膚炎などがあります。また、上記の症状に加えて、血圧の低下や意識障害など全身の症状を起こす場合（アナフィラキシーショックといいます）、最初に述べたように生命に危険を及ぼすことがありますので、十分な注意が必要です。一方、原因となるアレルゲンにより、複数の症状が出る食物アレルギー、花粉症などという場合もあります。さらに、運動による誘発されるアナフィラキシーショック、アレルゲン（抗原）の交叉による、花粉症の人が果物による口腔アレルギーを起こす例など、様々な病態がわかってきました。重要な点は、個々にアレルゲンを知ることと、症状を知ること、また、アナフィラキシーを起こす危険がある子どもには、予防から緊急対応までの学校内での検討が必要です。その場合には、特別支援教育というより、学校保健安全法に基づき、管理職の指導のもと、養護教諭、栄養教諭との密な連携が必要となります。

　アレルギーの症状は改善する場合が多いので、診断は問診が中心となりますが、アレルゲン同定は血液検査を行います。それ以外に、実際にアレルゲンの負荷テストを行う場合がありますが、この場合は、耐性獲得を含めて、短期の入院治療を行っている病院もあります。治療は、アレルゲンを避けること、症状が出たときは対処療法（飲み薬）が中心ですが、いわゆるアレルギー予防薬の服用、最近では、耐性を獲得するために、少量ずつアレルゲンを投与する免疫療法あるいは脱感作療法（注射、舌下など）、また、生物製剤ですが、抗IgE抗体を注射する方法も開発されています。緊急対応として必要なアナフィラキシーショックでは、自己注射としてエピペン®（エピネフィリン注射）を用いますが、緊急時は教員も使用できますので、校内研修などで使用方法についても熟知が必要です。この場合に留意したいのは、注射で症状が改善しても、再度、出現しますので、救急搬送を含めた救急対応マニュアルを学校医や主治医とも相談して、校内で整備するとよいでしょう。

　教育現場では、アレルゲンの除去、例えば、給食だけではなく、清掃などでも配慮が必要となります。

事　例

　好酸球性胃腸炎のため体調を崩して入院した高校生の退院時 (復学) までの心理的な支援や復学に向けての取り組みである。

キーワード｜不安、自己肯定感の向上、連携支援

（1）学校生活について

　高等学校の運動部で活躍していた生徒が、体調を崩すことが多くなり、病院を受診したところ、好酸球性胃腸炎と診断されました。これは、食物を含む物質が抗原となってアレルギー反応が起こり、胃腸に好酸性の白血球が浸潤して慢性炎症を引き起こすというもので、学校生活を続けられなくなったことから入院をしました。入院の目的はアレルギーの原因となる食材を見つけることでしたが、検査や原因となる食物の症状の有無を確認する負荷試験の実施のため、入院は当初の３〜４か月の予定を超えて約６か月の長期に及びました。本校の病院内にある分教室（以下、「分教室」という。）には、入院から１か月後に編入しました。普段、体調の良いときは、分教室に登校して授業を受けていましたが、負荷試験の食材に反応して、腹痛や嘔吐の症状が強く出てしまったときはベッド上で安静、症状が軽いときはベッドサイドで１日２時間の授業を受けるというように、そのときの病状に応じて学習形態を変えました。負荷試験は、様々な食材や組み合わせで何度も行われ、主治医からの「強い腹痛などの症状がみられたら安静に」という指示に従い、負荷試験の後は特に体調の変化を注意して見守りました。また、登校中に嘔吐した場合は、嘔吐物の状態を主治医や病棟の看護師に伝えるなど、細やかな連携を取っていました。

（2）心理面の配慮について

　入院当初、本人は、好きだった部活動ができなくなってしまったこと、高等学校に登校できなかった期間の学習の遅れ、出席日数の不足による留年への不安、高等学校卒業後の進路確定等のことで焦っていました。入院期間が延びるほど焦りは強くなっていき、退院の時期がわからないことへの不安や、部活に復帰するための運動ができないことでストレスが多くなると、何事にも無気力になり、学習への意欲の低下や、日常会話の言葉数の減少が目立つようになりました。そこで、主治医の許可のもと、分教室の中庭に出て外気に触れたり、軽い運動をしたり、また廊下でキャッチボールをするなど、毎日、休み時間や自立活動の指導の

時間を中心に気分転換を図るようにしました。生徒が何かを話そうとしたときは、教師は聞き役に徹し、時間をかけて話を聞きました。

　不安の原因の一つであった学習の遅れについては、入院前の不調により高等学校での欠席が続いていたため学習が継続できず、学習空白ができてしまったところを本人と確認して、教科・科目ごとに必要な単元に戻って学習することで理解させ、次の単元に進めるようになりました。少しずつ落ち着いて気持ちが安定してくると、学習に対する意欲も高まりました。

　高校卒業後の進学についても考えられるようになり、受験に向けた科目選択、進路選択の相談を始めました。しかし入院中で外出できないため、かえって不安を募らせてしまう結果となってしまいました。そこで、「やりたいこと・なりたい自分」を中心にした「目標達成シート」（次頁の図）を担任と一緒に作成することで、目標を明確化して取り組めるようにしました。目標達成のために必要なことを具体的に書き出して見通しをもたせ、入院中にできること、退院後にやるべきことを整理することで、志望の大学を見つけることができました。

　同じ病気で入院している児童生徒の中には、通っていた学校で嘔吐してしまった際に、嘔吐物が友達の持ち物にかかってしまったことから登校できなくなってしまった児童や、繰り返す嘔吐で「迷惑をかけている」と感じて、周囲に謝罪の言葉を繰り返す生徒がいます。また、遠慮して、周囲の人に痛みを伝えることができない児童生徒もいます。消化管アレルギーの症状である強い腹痛や嘔吐は自分でどうにかできるものではないだけに、自分自身を無力と感じたり、いつ起こるかが不安で「どうせ……だから」のような発言が多くなったり、自分の気持ちを伝えることができないことがあります。そのため自尊感情が低くなってしまいます。どんな小さなことでも、黙って話を聞くようにすることで、児童生徒は少しずつ思っていることや不安に感じていることを話せるようになり、その解決方法を一緒に考えることで、さらに安心できるようになっていきます。また、「迷惑をかけている」という気持ちを取り除き、心配する必要がないことを繰り返し伝えたり、一緒に気分転換を図ったりするなど、本人の気持ちを大切にしながら寄り添うことが必要です。そうする中で、少しずつ自信を取り戻し、取り組めることも増え、失った自尊感情を高めることができます。

（3）復学・支援

　負荷試験、服薬、食事制限などをしながら症状は改善されてきました。ただ、いつ痛みや嘔吐がくるかわからない不安はありますが、生徒は病気とうまくつきあうことを受け入れ、学習にも積極的に取り組み、高等学校への復学と大学受験

投球練習 （球無し）	毎日腕立 て伏せ	毎日腹筋	メンタル のコント ロール	継続	平常心	投球練習	バッティ ング練習	野球の 知識
体のケア	体づくり	柔軟性	体幹強化	コントロ ール	他人と 比べない	守備練習	努力	学力向上
走り込み	毎日の スクワッ ト	スタミナ	軸をぶら さない	不安を なくす	下肢の 強化	決断した ら実行	諦めない	筋トレ
諦めない 心	良く寝る	継続する 力	体づくり	コントロ ール	努力	負荷試験	リハビリ	身体を 動かす
やりたい こともや る	メンタル	遊ぶ	メンタル	プロ野球 選手	治療	エレンタ ールを しっかり 飲む	治療	筋トレ
継続する 力	弱音はた まに吐く	自分に厳 しく	運	大学進学	人間性	具合の 悪い時は 休む	分教室に 通う	歩く
好かれる 人間にな る	感謝	道具を大 切に使う	勉強	オープン キャンパ ス	野球部入 部	完成	敏感	礼儀
部屋掃除	運	プラス思 考	数学強化	大学進学	自主学習	感謝	人間性	挨拶
本を読む	常に考え て行動	思いやり	英語強化	塾	先輩に話 を聞く	下級生の 面倒を 見る	頑張り すぎない	人に優し く

図　目的達成シート

に向けて、前向きに取り組むようになりました。

　この病気は自己コントロールが重要です。病気のことや不安な気持ちをどのタイミングで誰に相談するかなどをシミュレーションしておくことが不安への予防にもなります。

腎炎などの腎疾患

　外科的な治療の対象となる腎疾患の中で、新生児期や乳幼児期に見られる疾病として、先天性の尿路奇形や水腎症などがあります。現在の周産期技術の進歩によって重大な先天性奇形は出生前に発見されていることも多く、生後すぐの手術などの対応も可能となりました。後天的に水腎症や腎不全となる例もあります。内科的な腎臓病として、就学時では慢性糸球体性腎炎やネフローゼ症候群の頻度が増加します。腎疾患は、学校安全保健法に基づく健康診断項目の尿検査により、無症状であっても早期発見が期待されます。

　急性期は、浮腫や血尿などとともに疲労感などもあり、安静など生活の制限が行われます。一方、慢性期では症状が残る場合もありますが、日常生活の制限は減少します。その中で、公益財団法人日本学校保健会が作成している「学校生活管理指導表」による運動制限が行われていましたが、最近では、以前より適切な運動の調整がなされますので、十分に主治医と連携し、"腎臓病＝運動制限"と短絡的に考えないことが望まれます。早期の治療により、腎不全への進行が阻止ができる場合もありますので、診断が重要となります。

　治療は、保存的な経過観察以外に、ネフローゼでは、ステロイドや免疫抑制剤の適切な治療により改善が見られる例が増えました。なお、腎不全が進行すると透析治療（血液透析と腹膜透析）が行われますが、透析にかかる時間が長いために、時間的な制約など配慮が必要です。また、病態によっては食事制限が必要な場合もあります。急性糸球体腎炎は、一種の自己免疫性疾患で、扁桃腺炎等のあと、抗原抗体複合物が腎臓で炎症を起こしますが、抗生物質などの適切な治療で減少しています。

　補足として、腎臓の機能検査は、尿タンパク質や沈査といった尿検査以外に、血液中の残余窒素、クレアチニンを測定しますが、最近では、クレアチニンと年齢、性別から、推算糸球体濾過量（eGFR）により腎機能を評価するようになっています。

　また、成人の腎不全は、糖尿病の合併症が増えています。

　小学部に転入した児童は、ベッドサイド学習、病院内の教室での学習を経てから登校となる。本事例は、入院時から退院時までの児童の病状（初発・再発等）や教育的ニーズに応じた自立活動等に取り組んできた事例である。

キーワード 病状に応じた学校生活、自立活動、自己効力感、連携支援

（1）学校生活について

　児童の病状や入院期間、本人・保護者の願い、前籍校での学習や生活の様子等を把握し、個別の教育支援計画・個別の指導計画を作成・活用することを通して、児童が病気と向き合いながら、明るく前向きに学校生活を送れるようにしています。

①　安静度と学校生活

　本校では、隣接する病院と連携し、児童の病状や治療計画に応じて、学習場所や学習時間、理科や生活科、体育、音楽等の学習の仕方や運動量等の配慮事項等を定めています。児童の多くは、運動制限や感染症予防等が必要なため、病室内のベッドサイド学習から始め、病院内の教室での学習を経て、学校に登校するようになります。入院直後に児童と接することが多い病棟での授業を担当する教師は、児童の病状や心理面の状態、本人・保護者の願いを把握して、個別の教育支援計画を作成し、学級担任や前籍校の担任と連携を図りながら病状や学習環境等に配慮した学習内容を検討し、学習計画を立てて指導にあたります。

　児童Aは、ネフローゼ症候群と診断され入院してきました。ネフローゼ症候群とは、腎臓から大量のタンパク質が尿の中に漏れ出てしまい、血液中のタンパク質の濃度が低下することで尿の量が減り、体がむくむ病気です。むくみ以外にも、だるい、吐き気や腹痛、下痢、食欲がないなどが起きます。児童Aも症状が重かったことと入院による不安で、学習への意欲は見られませんでした。

②　ベッドサイド学習

　1回につき20分のベッドサイド学習を休憩を入れながら1日2回、主に国語・算数・自立活動を行います。入院直後で不安を抱えているこの時期は、まず、病院での生活を安心して送れるように、病院生活の流れや決まり、ベッドサイド学習の仕方等について話をします。その際、生活の中で安静を取ることの必要性について確認します。病棟での授業を担当する教師との会話が進んでくると、学習に対しても取り組む姿勢を見せるようになりました。

③　病院内の教室での学習

　病院の中にある教室で、3校時分の学習をします。学習環境が整い、学習時間が増えることで、理科、図画工作や生活科などの学習にも取り組めるようになりました。児童Aは、むくみがおさまり、だるさも軽減されたタイミングで、教室への登校になりました。初めて、病室・病棟から出ての学習となるこの時期には、安静の必要性に加え、感染症予防（マスクの着用、手洗い・うがい・歯磨き等）の必要性についても確認します。

④　学校での学習

　登校しての学習は、最初は午前中のみ（4時間目まで）でスタートし、次第に5・6時間目までに延ばしていきます。学習は、小学校の教育課程に準じており、前籍校の学習進度に配慮しながら行っています。自立活動では、感染症予防（土や生き物に触れない等）の必要性や安静度に応じた学校生活での活動の仕方（エレベータの使用や体育での活動量等）について継続して学習します。また、養護教諭と連携し、蛍光剤の入ったローションを使用した正しい手洗いの仕方や、歯垢染色剤を使用した正しい歯磨きの仕方等を学習します。そして、退院間近には、小学校での生活をシミュレーションしながら、係活動や体育の参加の仕方や休み時間の過ごし方等を確認し、本校で身に付けた自己管理の仕方を前籍校でも継続できるようにしています。

（2）心理面への配慮

　児童は予期しない突然の入院のため、病気や治療への不安、食事や運動等の生活規制への苦痛、家族や学校と離れて生活することへの孤立感、学習の遅れの心配、新しい環境での友達関係の不安等を抱えています。それに加え、制限のある生活（食事や運動等）をしているにもかかわらず、病気の再発により入退院を繰り返している児童は、より病気に対する不安が強くなっています。そこで、自立活動の時間に病気の理解や自分の体の理解等を学びます。

①　再発をして入院する児童の自立活動

　ネフローゼ症候群等の児童の中には、退院後も食事制限や運動制限等の生活規制を守っているにもかかわらず、毎年のように入院したり、1年に何度も入退院を繰り返す児童がいます。努力をしてもそれが結果に結び付かないという経験を繰り返すことで、次第に病気と向き合えなくなることもあります。そこで、再発で入院してきた児童に対しては、まず、「自分の健康状態の維持・改善等に必要な生活がどの程度身に付いているか」を把握したうえで、必要な課題が解決できるよう再度学習したり、心理的に安定をした状態で学校生活を前向きに送れるように児童が興味・関心のある活動に取り組んだりしています。

② 達成感や自己効力感を高めるための集団活動

　文化祭では、在籍している児童全員で英語劇を発表しています。発表までに1か月ほどの練習期間があり、途中で退院する児童、発表間際に入院してくる児童と一人一人の練習期間は異なります。そこで、病状や入院期間を把握し、「退院間近な児童には小道具係」「練習前半に退院する児童はビデオでの出演」など、役割や発表の仕方等を工夫しています。そして、それぞれの児童が、友達と協力しながら、自分の役割を果たし、うまく遂行できたという自己効力感を高めるとともに、達成感を味わえるようにしています。入院・治療しながらも新しい友達と新しいことに挑戦し、成功体験・称賛される経験をすることで、入院生活を前向きに捉え、自信をもって前籍校へ戻ることができています。

③ 前籍校との連携

　心理的に安定した状態で入院生活を送るためには、本人・保護者にとって前籍校の担任や友達との心理的なつながりや学習の継続は大切なものです。

　そこで、転入時には、前籍校の担任と連絡を取り、児童の生活の様子や学習進度を確認するとともに、前籍校の学級通信や教材の提供等の依頼をします。また、退院間近には、学習進度の確認に加え、小学校に戻ってからの生活や学習の配慮事項等を伝えます。また、必要に応じて、退院後に小学校へ行き、支援会議を実施しています。会議には、小学校の担任や養護教諭、特別支援教育コーディネーター等が出席し、個別の教育支援計画・個別の指導計画をもとに学校生活や学習、校外行事等での配慮事項について確認をします。

　この疾患は、自覚症状が少なく、自分は病気であるという意識をもちにくいため、自己管理が重要になります。再発のきっかけになりそうなことは避けたいので、風邪をひかないよう、手洗いやうがい等は積極的に行うことを支援会議で確認しました。また、腎臓病の子どもの学校生活における配慮事項等については、「学校生活管理指導表」（日本学校保健会）を活用することも大切です。

④ 本人・保護者・前籍校との連携

　入院して多くのストレスを抱えている児童そして保護者の願いの一つに「前籍校の友達や先生に忘れないでほしい」があげられます。特に1年生で入院した場合は、小学校の友達や先生とのつながりに不安をもっていることが多いです。そこで、その不安を少しでも軽減できるように、前籍校の担任と本人・保護者、担任の四者で連絡帳を共有し、前籍校での生活や学習、本校での生活や学習、病院生活や治療の様子を共通理解するようにしました。それにより、児童・保護者は、「小学校のクラスの一員」だという安心感が得られ、自信をもって復学することができました。また、前籍校では、「入院中の生活を友達に伝えられたこと」「友達と同じ教材をタイムリーに掲示できたこと」などで、学級全体で児童に対する仲間意識を育むことができ、スムーズな受け入れにつなげることができました。

8 心臓病などの循環器系疾患

　小児の心臓病は、（１）先天性心疾患、（２）後天性心疾患、（３）心筋疾患、（４）不整脈疾患、（５）川崎病などに分けられます。

　心疾患の症状は、動脈と静脈が混ざる例ではチアノーゼ（酸素の結合が少ない場合に、血液が青く見える状態）が出ますが、それ以外には、心機能の程度によっては、運動負荷で心不全症状の出現（易疲労感、運動の中断、二次的な呼吸困難等の症状を含みます）、不整脈などが原因で、心房あるいは心室細動から徐脈や心機能の停止といった突然死の原因となる場合もあります。このような、不整脈や心筋症等による突然の心停止への対応のために、AED（Automated External Defibrillator）も設置が学校現場では進んでいます。外科治療や薬物による治療以外に、学校現場では「学校生活管理指導表」（公益財団法人日本学校保健会作成）を利用して、適切な運動量を主治医と相談する必要があります。

　先天性の心疾患の中で、心室中隔欠損症や心房中隔欠損症など、様々な先天的な奇形等は心臓外科領域で根治術等が行われるようになりましたが、完全な治療ができない場合だけでなく、治療後は、継続して内科的な治療が継続されます。

　後天性の心疾患は、大人に多い狭心症や心筋梗塞など以外に、以前は、小児期には、猩紅熱後の心臓弁膜症が見られましたが、最近は抗生物質の普及により激減しています。

　心筋症は、現時点では根本的な治療法もなく、日本では実施例が少ないのですが、心臓移植の適応となります。今後、iPS細胞の応用が期待されているところです。なお、移植後は、HLA（ヒト白血球抗原＝主要組織適合遺伝子複合体（MHC））の適合度により、拒絶反応を抑えるように免疫抑制剤を継続して服用する場合があります。これは、他の移植でも同様ですが、そのために、感染予防などの配慮が必要となります。

　不整脈は、薬物療法に加えて、近年、三次元的な分析技術が向上し、カテーテルアブレーション治療という高度な治療法で原因部分を除去することによる根治術が開発されました。

　川崎病（急性熱性皮膚粘膜リンパ節症候群：MCLS）は、乳幼児に好発する原因不明の疾患ですが、10〜20％に冠動脈瘤の合併が見られる場合ありますので、長期的な服薬や経過観察が必要とされます。最近の医療により、初期の治療で効果があり、後遺症のないものは治癒後には運動制限は必要ありません。

　以上のように、医学的な進歩により、多くの心臓疾患では生命予後は改善していますが、継続した治療や経過観察が必要な例もあり、現在でも、一定の割合で特別支援教育の対象となっています。しかしながら、他の疾患と同様、入院等の長期療養だけではなく、外来治療が中心となっていますので、地域の小・中学校の通常の学級、特別支援学級等に在籍している例も多いことに留意しましょう。

事　例

:::
　心臓病の手術後入退院を繰り返していたが、合併症の併発のために長期間の入院となった。学校へはなかなか通えず、かつ学校への不信感もある中での、病院内の授業の取り組みや復学に向けての支援についての事例である。
:::

キーワード｜達成感、自己肯定感、復学、情報共有

（1）学校生活について

　児童Aは、生後すぐに通常は2つある心室と心房をそれぞれ1つにする手術を行いました。小学校入学前に特別支援学校へ見学に行きましたが、「遊んでいるばかりで学習していない。うちの子どもはもっとできる」という保護者の思いもあり、就学相談の結果、特別支援学校ではなく通常の学校に就学しました。

　小学校入学後も自宅近くのB病院に入退院を繰り返していました。小学4年生のときに知的障害特別支援学級に転級し、その後2か月ほど入院しました。退院後は感染症予防のためと児童Aが学校に行きたがらなかったために、学校にはほとんど行っていませんでした。

　児童Aは、小学校5年の夏にWISC-Ⅳ知能検査を受け、検査結果は小学校低学年程度という判定が出ていました。秋には心臓病の合併症である蛋白漏出性胃腸症を患い、自宅近くのB病院ではなくC病院に入院しました。そこで病院訪問教育のある特別支援学校（病弱）（以下、「本校」という。）に転入しました。

　児童Aは小学2年生から4年生の頃に、背が低いため「チビ」と言われていて、嫌な思いをしていたため、児童Aも保護者も学校に対して良くない印象をもっていました。

　病院訪問教育の授業は週4日、1日90分ですが、体調によっては時間が短くなることもあります。また授業場所は面談室やベッドサイドで行っていました。そのような学習環境の中で、児童Aにとって授業が楽しく、好きだと思ってもらうための学習内容を考えました。

　まず、本校に転籍する前にいた知的障害特別支援学級の担任と連絡を取り、児童Aの学習進度について聞きました。また、保護者からも話を聞きました。その結果、算数に対して拒否感が強く、わからないとパニックになってしまうこと、国語の簡単な音読は得意であるが、読解は苦手だということがわかりました。

　はじめは、児童Aが自信をもって課題に取り組むことができるように、実態に

即した学習内容を提示し、「できた」と思える経験を積ませることにしました。

　次に、できたことの積み重ねを感じられるように、毎回時間割・振り返りシートや国語・算数のプリント学習を行い、それを1冊のファイルに綴じていきました。そして、児童Aがそのファイルを病室で持つようにしました。頑張ったことがファイルに積み重なっていくことで達成感を得ていくとともに、授業の内容を保護者や病棟スタッフに見てもらい、褒めてもらうことで充実感も味わうことができました。

　また、授業で作成した作品などを多くの人に披露し、自己効力感を高めるようにしました。図画工作や家庭科の授業で作品を作成し、病室に飾ってもらったり、美術展に出展したりしました。病室に作品を飾ることによって、病室に来たスタッフに褒めてもらうことがありました。美術展に作品が出展されている様子をテレビ会議システムで、病室から中継で見ました。作品を見ている人とその場で直接話をしました。自分の作品を保護者や病院スタッフだけでなく、それ以外の人に見てもらい、見てもらった人と交流することはとても楽しかったようでした。

　音楽の授業で学んだ楽器演奏を終業式で発表する機会も設けました。音楽の授業は楽器を演奏する活動のみで終わっていましたが、発表する場を設けることによって授業以外でも練習しようという気持ちになり、「病室でも練習した」と児童Aは言っていました。その練習のかいもあり、とても上手に発表することができ、達成感を得られるとともに自信につながったようでした。

　このような取り組みを行ったことにより、児童Aも保護者も毎回授業を楽しみにするようになり、児童Aは学校に通うことに前向きになりました。当初は「特別支援学校は遊んでいて学習しないところ」という印象をもっていた保護者も、本人の課題に応じて学習する意義がわかり、児童Aが楽しそうに学校に通う様子を見て、本人の実態に即した学校に通うことの大切さを感じたようでした。

（2）復学・進学支援

　治療により蛋白漏出性胃腸症が改善され、退院が見えてきました。本来であれば、退院後は入院前に通っていた知的障害特別支援学級に復学するのですが、児童Aは心臓病の症状が入院前よりも重くなり、運動制限も厳しくなったことから、知的障害特別支援学級では体力的についていけず、復学するのは厳しいという問題点が出てきました。

　保護者を含めた支援会議を行い、そこで特別支援学校（肢体不自由）であれば、児童Aの身体の実態に合わせて配慮してくれることを説明しました。しかし、保護者は「特別支援学校は遊んでいて学習しないところ」という印象を持っている

ため、特別支援学校への転学に抵抗がありました。

　そこで、「遊んでいるところ」という印象を変えてもらうために、保護者に特別支援学校（肢体不自由）へ見学に行ってもらうことにしました。また、保護者と児童Aと病院の訪問教育で授業を担当していた教師が一緒に見学に行き、児童Aが病院の中で学習してきた内容などを保護者と特別支援学校（肢体不自由）の教師に伝えました。

　以上のような取り組みを重ね、保護者は特別支援学校（肢体不自由）への転学について納得し、転学することになりました。児童Aの実態に応じて身体の配慮や学習内容を行う特別支援学校（肢体不自由）で、本人らしく学習できるようになり、楽しく学校に通うことができています。

9　てんかん

　てんかんは、けいれん発作を主症状とする慢性の疾患で、様々な脳神経系の疾患や遺伝的な疾患等にも合併します。原因として、脳に過剰な電気的興奮を起こす焦点があり、何らかの誘因でその部位から異常波が脳内に生じることによります。特に、急激な異常波が脳全体に伝播し、全身に波及し、運動障害や意識障害等のけいれん発作を起こす場合は、全般発作といい、（1）強直・間代発作、（2）脱力発作、（3）欠神発作があります。硬直（全身が硬くつっぱる）と間代（がくがくとさせる）発作は、数分で発作がおさまることが多いのですが、その後、睡眠に移行することが多く、その後も、もうろうとした状態が続くので、けがや事故に注意が必要です。脱力発作や欠神発作は、時間も短く、注意力がない、集中できないというように症状がわかりにくいこともあります。それに対して、部分的に起こる発作を部分発作といい、意識がはっきりしている単純部分発作、意識障害が伴う複雑部分発作に分けられます。また、部分発作から二次的に全般発作に進展する例もあります。

　てんかんの治療は、脳波検査により焦点を同定し、適切な抗けいれん薬の服用により、けいれん発作を起こさない治療と、発作時に対応する治療があります。特に、発作時の治療で重要なことは、けいれんの持続（けいれん重積）を防ぐことであり、早い治療が望まれます。救急搬送に必要な時間と治療開始に必要な時間とが近似していることから、発作の発見、緊急対応など、校内での体制構築と医療機関との連携は不可欠です。全般発作でも、医療機関から緊急性がないといわれても重積となるかどうかの判断は困難であること、また、発作後の事故などを考慮すると、保護者や医療機関への連絡を遅滞なく行うことが必要です。

　他の障害がないタイプのてんかんは、服薬により十分にコントロールできることが多いのですが、他の障害に合併する（症候性）場合には、けいれん発作そのものがわかりにくいことがあります。教育現場の情報、例えば、発作時の子どもの様子、発作の起こりやすい時間や状況などは、治療方針や投薬量の決定に重要な情報となりますので、日常的な医療機関との連携は不可欠といえます。

　発作時の座薬挿入の治療効果については様々な意見もありますが、生命維持に緊急性が高い場合には、文部科学省の通知による「４つの条件」（医師による書面の指示、保護者からの具体的な依頼、実施時の注意点、必ず医療機関を受診する）により対応も可能です。

事　例

> 　保護者と学校で共通した生活記録表（睡眠、発作、排泄など）をつけた。主治医受診の際には、その記録を見せ、発作や日中の睡眠の具合を確認してもらった。学校が家庭・医療と連携して、発作や生活について共通理解をすることができた事例である。

キーワード｜共通理解、連携、生活記録

（1）学校生活について

　本事例の児童の小学部入学時の診断名は、ウエスト症候群[*1]（1年生の11月にレノックス・ガストー症候群に移行）と歌舞伎メーキャップ症候群[*2]で、主治医によると、この2つの重複は珍しいとのことでした。

　てんかん発作（以下、発作）が頻発し、抗けいれん薬（以下、薬）で発作が十分コントロールできていなかったため、1〜3年生の頃は毎週、4〜5年生までは2週間おき、それ以後は1か月おきに通院治療を受け、その都度、薬の量や種類を調節していました。

　1〜4年生の頃は睡眠リズムが整わず、登校が遅くなったり、登校しても日中も眠っていたり覚醒レベルが低かったりすることが多く、特に午前中はほぼ眠っていました。眠気は薬の副作用の一つということもあり、主治医からは「睡眠優先」という指示が出ていたので、保護者とも相談し、無理に起こさず自然に目覚めるのを待っていました。そのため、学習活動に参加できないことが多く、参加できても覚醒レベルが低くぼんやりとした状態のことが大半でした。また、午後も眠り続け、給食を食べないままに下校することもまれにあったので、そのときは保護者に連絡を取り、状況を説明しました。

　睡眠や発作の影響で、活動が継続できないこと（学習としてつながりにくい）、体調が整いにくく活動できる時間が短いことなどが重要課題でした。

（2）生活記録について

　2年生の頃、発作だけでなく発熱や嘔吐など体調で心配されることがありました。そのため、担任が、1週間の睡眠や食事、発作などがわかるようにした生活記録表を作成し、保護者に記入してもらうようにしました。その結果、それまでは連絡帳の「家庭からの連絡欄」に記載される情報と、登校時の聞き取りで得ていた家庭での生活の様子が、生活記録表を通して詳細にわかるようになり、

第3章
病気等の状態等に応じた
指導と配慮

125

「前夜によく眠れているようなので、眠りが浅くなったら目覚めを促してみよう」「昨日は発作が多かったので、無理に起こすのは止めておこう」というように、眠っている児童に対して夜間の様子に合わせて関わり方を変えるようになりました。

保護者が生活記録表をつけることに慣れてくると、保護者が市販の育児ダイアリー（見開き1週間で、赤ちゃんの睡眠・排泄・授乳を記録できるもの）を購入し、それを活用するようになりました。記載できるスペースが限られているため、発作の種類によって共通のマークを学校と家庭とで決め（表1）、育児ダイアリー（以下、「ダイアリー」とする。）と連絡帳にそのマークで発作を記録するようにしました。担任以外の授業に入る教員でも間違わずに記録できるように、具体的に表記

表1　発作マーク

脱力発作	●
強直発作	○
睡眠発作	△

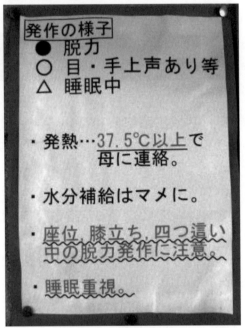

写真1　教室の掲示物

したものを教室に掲示し（写真1）、それと同じ物のミニサイズ版を連絡帳用紙を挟むバインダーにリングで取り付けました。ダイアリーや連絡帳に共通のマークで発作を記録することで、その日やその週の発作の状況が一目でわかるようになりました。

主治医受診の際に保護者がダイアリーを持参することで、主治医が発作の状況や体調を把握しやすくなり、薬の調整の参考にしてくれました。また、薬を調整したときには保護者がその処方箋を貼ったり、新規の薬を服用し始めた日を記載したりする（写真2・3）ことで学校も常用薬の変化を把握しやすく、薬の調整後の発作や睡眠・体調の変化を、調整と関連づけて考えやすくなりました。

（3）学校と家庭、医療との連携

4年生の終わり頃、薬を1種類減量したときに、その調整が合っていたのか発作が減り、発作が全くない日が増えてきた時期がありました。しかし、その2か月後、再度薬を調整すると、また発作が増え始めました。そこで、保護者と一緒

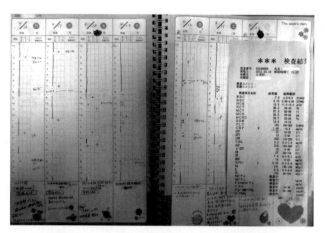

写真2　ダイアリー（右ページに処方箋添付）

写真3　ダイアリーの記載例
（実線は睡眠、＋は排尿のマーク）

にダイアリーを見返し、調整前のほうが発作が少なく、生活のリズムも整っていたことを確認しました。そして、主治医の診察の際、保護者がダイアリーを見せながら調整前と調整後を比較しつつ状況を説明すると、調整前の薬の量に戻してもらうことができました。これは、学校と家庭での発作や体調・睡眠の記録がダイアリーに書かれていたからこそ、「調整前のほうが良かった！」と確信でき、主治医に自信をもって薬の再調整をお願いできたからだと思います。

　その後、児童は薬の調整がうまくいき、発作が激減して、日中覚醒している時間が延びました。その結果、学習に長時間参加できたり、様々な行事に参加できたりし、発作とつきあいながら充実した学校生活を過ごしています。

　発作のある児童生徒が、発作や体調に合わせて充実したよりよい学校生活を送るためには、学校と家庭、医療が連携し、情報交換しながら児童生徒を支援していくことが大切です。本事例では、生活記録表やダイアリーが三者をつなぐツールとして重要な役割となりました。

【注】
＊1　ウエスト症候群：乳児期に起こる悪性のてんかんで、点頭てんかんとも呼ばれる。小児難治てんかんの中では最も多いとされている。
＊2　歌舞伎メーキャップ症候群：特徴的な顔貌をもつ先天性疾患で、歌舞伎症候群とも呼ばれる。切れ長の目が特徴で、下眼瞼外側 1/3 が外反していて, 歌舞伎役者の化粧（隈取）を連想させることからこの名前がついた。

【参考サイト】
難病情報センター　http://www.nanbyou.or.jp/

心身症及び精神疾患

　いわゆる「心の病」の中には、心身症と精神疾患があります。以下、それぞれの解説を行います。

【心身症等】　心身症とは、1991年の日本心身医学会による定義によれば、「身体疾患の中で、その発症や経過に心理社会的な因子が密接に関与。器質的ないし機能的障害がみとめられる病態をいう。神経症やうつ病など他の精神障害にともなう身体症状は除外する」とあります。国際疾病分類には病名がなく、DSM（アメリカ精神医学会の精神障害の診断と統計マニュアル）による「身体疾患に影響を与えている心理的要因」と考えると、多くの身体疾患に内数として含まれるように、その発病や症状への影響から心理社会的要因が深く関わるために、身体疾患の治療だけではなく、心理面の治療を必要とします。精神疾患に分類される身体表現性障害と混同されることもあります。小児期では、文部科学省の教育支援資料に心身症の例示として、反復性腹痛、頭痛、摂食障害（精神疾患に位置づけられます）があげられていますが、気管支喘息とアトピー性皮膚炎、自家中毒と呼ばれる周期性嘔吐症、過敏性腸症候群、チックや起立性調節障害等のように、心理的な治療が必要なものも対象疾患として考えられます。

【うつ病等の精神疾患】　精神疾患として病弱教育の対象となるのは、世界保健機関による疾病及び関連保健問題の国際統計分類（ICD10）の第Ⅴ章．精神及び行動の障害の中では、いわゆる精神病といわれている「統合失調症や双極性障害、うつ病などの精神病圏」（ICD10では、F20～F39）、ストレス、生育などの環境的要因も複雑に絡む「解離性障害、愛着障害、強迫障害、適応障害などの神経症圏」（同じく、F40～F48）です。また、二次的な障害を伴う「発達障害圏」（同じく、F80～F98）も、上記の合併あるいは併発すると、病弱教育の対象となります。多くの診断は操作性診断であり、症状を確認して、一定の診断基準に当てはまれば、それぞれの疾患として診断されます。そのために、経過で診断名が変わること（二次的な発症、あるいは、他の精神障害の診断に変更や追加）に留意が必要であり、固定した対応をしないことが望まれます。また、精神疾患の発症には、素因と環境的因子（育ってきた環境や家族関係等）の相互作用が重要であり、医療以外に、福祉的な連携も重要となります。

　医学的な研究が進み、「統合失調症」「双極性障害」等では神経伝達物質の異常の解明、あるいは、各種マニア系の精神障害では遺伝的な変異が解明されつつあります。そのために、薬によるコントロール、服薬を含めた治療に対する継続性・自立性（アドヒアランスやコンプライアンスともいわれます）が重要です。一方で、発達障害の二次的障害としての適応障害や愛着障害、うつ等が増えていますが、教育や心理的な治療により、不登校や引きこもりを予防できる可能性もあり、連続した学びの場での支援・配慮が必要です。地域の学校との連携も不可欠です。

　筆者らは、診断名に応じた支援・配慮ではなく、教育上のニーズに応じたアセスメントを行うことと、それに対応した支援・配慮例を特別支援学校での実践を集約しました。その結果、教育的ニーズの多相性（多面性）と子どもの状態（階層的）に応じた教育的な支援・配慮を提案しています。その上で、臨床心理的な支援、合理的配慮、自立活動、教科指導を提案していますので、参考にしてください。

事 例

　本事例は、中学3年生で、統合失調症を発症し入院した後、地元の中学校へ復学した事例である。自立活動において尺度表「自分メーター」の活用を軸に、定期的な面談を行い、様々な力を育て、復学につなげることができた。

キーワード 自立活動、尺度表「自分メーター」、自己理解、言語化、復学

（1）学校生活について

① 生徒の実態

　生徒Aは、幼少の頃から、発達障害や成育環境の影響により、コミュニケーションの力が弱く、対人関係のトラブルが多く見られました。また、気持ちを言葉にすることや、相談することも苦手なため、不安や緊張が強くても無理をして我慢し、ストレスをためこんでいました。無理をしたときだけでなく、楽しい活動でも疲れてしまい、反動で不調になることもありました。その結果、小学校高学年の頃から、幻聴に悩まされ、自傷や自殺企図、家族への暴言・暴力等が目立つようになり、入退院を繰り返しました。中学3年生となり進路を検討する中で、挫折を経験したことをきっかけに症状が悪化したため入院し、病院内にある学校へ転入となりました。

② 学校生活のスモールステップ

　安心・安全な環境の中で、学校生活をスタートさせるために、ベッドサイド学習から開始しました。1日1時間の学習で、担任や各教科の教員が個別に対応し、信頼関係を築くとともに、学習の進捗状況を確かめました。

　その後は、主治医と相談しながら、2週間のベッドサイド学習を経て、学校への登校を開始しました。1時間の登校から始め、病状、疲れへの配慮、集団への参加の仕方、ルールや約束の確認、適応の状況等を見極めながら、登校時間を2時間、3時間と増やしていきました。

　登校には意欲的でしたが、頑張りすぎたり、人の目を気にしすぎたりすることが多く、不安や緊張も強い状態でした。ストレスがかかると、幻聴に左右され、自傷や暴言が増えることもありました。そのため、疲れ具合や幻聴の頻度を考慮し、授業時間を慎重に増減しました。同時に、学校生活の中で、疲れたら休むことや、困ったら相談することを意識させました。

（2）心理面への配慮について

①　尺度表「自分メーター」の活用

心身症及び精神疾患のある児童生徒には、本人に共感的に接し、心理を理解した上で課題を明らかにするとともに、言語化を促し、援助を求める力と社会性を育てることが大切だと考えています。

そのため、生徒Aには、尺度表「自分メーター」の活用が有効だと考えました（図1）。「自分メーター」とは、国立特別支援教育総合研究所の「精神疾患及び心身症のある児童生徒の教育的支援・配慮に関する研究」（平成29・30年度）のアセスメントシートを参考に作成された児童生徒向けの実態把握と自己理解のための尺度表です。定期的な面談を通して、心理面への配慮をしながら、「自分メーター」を活用して自己理解を進め、目標設定と振り返りを重ねて、学校生活を充実させていきました。

生徒Aは、尺度表「自分メーター」に取り組む中で、「不安や悩みがたくさんあり、感情のコントロールも苦手だ。」と答えた反面、「話せてよかった。」と、ほっとした様子を見せていました。また、当初はストレスの対処法を「自傷」と答えていましたが、相談や休養ができるようになった退院時には、「好きな絵を描くこと」と変容していました。

自分メーター

記入日　平成　年　月　日	学部　年　名前

○この尺度表は、みなさんの得意なことや苦手なことを知り、これからの学校生活でどんな力を付けたらいいか、またどんな力が付いているかを一緒に考えるものです。気軽に今の自分について、答えてみましょう。

○付け方・・・5段階評価で、1が一番低く、3が普通、5が一番良い評価です。

例　1—全くそう思わない　2—そう思わない　3—半分くらいは思う　4—まあまあ思う　5—そう思う

1—できない　2—できないことが多い　3—半分くらいはできる　4—まあまあできる　5—できる

1—いつもある　2—あることが多い　3—ある時とない時がある　4—たまにはある　5—全然ない

1—　2—　3—　4—　5—

1こころ	①不安や悩みはありません。	1 — 2 — 3 — 4 — 5
	自分の気持ちをコントロールできます。（イライラしても気持ちをおさえられます。）	1 — 2 — 3 — 4 — 5
	③気になることがあっても、気持ちを切りかえてやるべきことができます。	1 — 2 — 3 — 4 — 5
	④がんばろうと思う意欲や元気があります。	1 — 2 — 3 — 4 — 5
	⑤自分の気持ちや、自分の今の状態をわかっています。	1 — 2 — 3 — 4 — 5
	⑥自分の気持ちを言葉や文で伝えられます。	1 — 2 — 3 — 4 — 5
	⑦自分の気持ちは穏やかです。	1 — 2 — 3 — 4 — 5
	⑧少しのことでテンションが上がったり、下がったりすることはありません。	1 — 2 — 3 — 4 — 5
	⑨自分のことを大切に思います。または、自信を持てることがあります。	1 — 2 — 3 — 4 — 5
	⑩他の人のことを大切に思います。	1 — 2 — 3 — 4 — 5

図1　尺度表「自分メーター」（一部抜粋）

② 定期的な面談について

尺度表「自分メーター」を活用しながら、1週間に1度、自立活動の時間に担任と1対1で面談を行いました。この時間は、「心理的な安定」と「人間関係の形成」を目標にしていました。面談では、不安や困っていることを言語化し、疲れたら休んでよいことを経験させるため、「困ったら、すぐに先生にSOSを出す」「疲れたら1時間休む」等、週に1つずつ具体的に目標設定し、取り組んでいきました。同時に、負担の少ない授業参加の方法や時間の調整も行い、1日の登校は3時間までとしました。

その結果、無理をせず休みながら活動することで、安定した学校生活が送れることを経験し、自信をつけていきました。また、自己理解も深まり、自分に合った進路選択をすることができました。

（3）復学支援について

① 復学支援会議

復学に際しては、復学支援会議（医師、保護者、前籍校、現籍校等で行う復学に向けた会議）、準備登校（登校の練習）を経て、前籍校等へと戻っていきます。尺度表「自分メーター」の結果や自立活動で成長した点等を前籍校へ情報提供することで、個別の指導計画での活用、合理的配慮の提供を含む教育上の支援・配慮等につなげ、復学を円滑に進めています。

② 復学時における尺度表「自分メーター」の活用

復学する際も、生徒Aの尺度表「自分メーター」（図2）や個別の面談の記録を参考に、引継ぎを行いました。特に、配慮事項については「登校は1時間から始める」「定期的な面談」「疲れへの配慮」「本人が言葉で伝えられたときは評価し、SOSを出しやすくする」「複数の相談先を用意する」「クールダウンの場所をあらかじめ決める」等、引き継ぐことができました。生徒Aは、復学後、希望校に合格し、進学が決まりました。

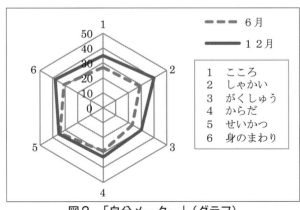

図2 「自分メーター」（グラフ）

11 重症心身障害

　重症心身障害は、福祉領域で用いられる用語であり、心＝知的障害、身＝肢体不自由（運動障害を含む）が重度であることを示します。重症度の判定には、主に大島分類*が用いられてきました。対して教育領域では、「重複障害」が用いられますが、最近では、知的障害と肢体不自由以外の重複障害のある児童生徒の教育も重要な課題です。ここでは、重症心身障害について述べます。

　重症心身障害の医学的な原因として、先天的と後天的に分類します。先天的とは、生後既に障害をもっていると理解され、必ずしも遺伝的な原因だけではありません。つまり、染色体異常を含む様々な遺伝子の障害により、体内の発生・発育過程で正常な発育を行うことができないために、奇形や機能不全、あるいは、生後獲得していく機能的な発達を獲得できないために、知的発達障害や運動発達障害（肢体不自由の一部）、あるいは、運動器官（骨、筋肉、関節等）の異常をきたします。診断は、明らかな染色体異常以外は、症状を組み合わせた「症候群」として診断されることが多かったのですが、最近では、病気の遺伝子が同定されるようになりました。また、同様に、胎内での感染、薬物や放射線障害等でも、発生・発育過程の異常をきたすことがわかっています。また、脳性まひの原因である出生時の低酸素脳症も、知的障害を伴うと重症心身障害となります。脳性まひについては、最近では、低出生体重児による脳室周囲白質軟化症（PVL）は、新たな教育的な支援・配慮の知見が重ねられており、肢体不自由教育においても従来の脳性まひと分類を別にすることもあります。後天的な原因としては、髄膜炎、脳炎などの感染症、また、交通事故などによる外傷があります。

　重症心身障害は、主に、特別支援学校では、肢体不自由あるいは病弱教育の対象となります。今後、両教育分野における総合的な検討が望まれるところです。その中で、医学的な原因を述べてきましたが、結果としての運動発達と知的発達の障害ですので、就学前に行われる療育についても知っておくことが望まれます。就学前、特に運動発達に関連して、療育（治療と教育）、地域により小児のリハビリテーションや訓練ともいわれますが、予想される運動障害に対して、理学療法等が行われます。その中には、姿勢の指導や運動の指導が行われていることもあるので、教育においても参考とすることができるよう医療機関と連携を図ることが必要です。児童生徒の学びが継続することができるよう、例えば、自立活動の指導にどう活かすことができるのか、等を念頭に置きながら、関係機関等との連携を図るようにしてください。

*大島分類：大島一郎（元東京都立医療センター）により考案された分類。運動能力と知能指数をそれぞれ５段階に分けたマトリックスによる評価方法のこと。

　本校では、多職種と連携して病気や障害の重い児童生徒の支援を行っている。本事例では、「子どもたちの学校生活や集団活動を充実させるために」という価値観を支援者が共有し、取り組んだ事例等を紹介する。

キーワード 多職種連携、価値観の共有、ICT活用、自作支援ツール

（1）学習について

　本校に在籍する重症心身障害の児童生徒は、隣接病院の重心病棟に入院しています。病棟から登校する児童生徒と、教員が病棟へ訪問して毎日午前午後1時間ずつ授業を受ける児童生徒がいます。訪問教育の場合、ベッドサイド学習が主ですが、病室を出て病棟ホールで活動する時間等も設けています。

　登校状況については、毎日1〜6限まで登校、週数回短時間登校、医師からの登校許可が下りていないなど、状況は様々です。

（2）多職種連携と自作支援ツールの活用

①　多職種連携

ア）リハビリテーションスタッフとの連携

　児童生徒は、定期的に隣接病院のPT（理学療法士）、OT（作業療法士）、ST（言語聴覚士）によるリハビリテーションを受けています。教員とリハビリスタッフは、気軽に連絡を取り合える関係・環境にあり、授業とリハビリを同時間帯に行う共同授業や、リハビリスタッフを講師に招いて行う姿勢や呼吸に関する研修等の取り組みも数年前から行っています。

　OTやPTなどの医療職との共同授業を通して、「どのような姿勢をとると、より活動を楽しめるか」「微細ではあるが動きが見られる身体箇所にアプローチしてできる活動はないか」など、児童生徒それぞれの目指す姿や支援方法を具体化し、共有することが可能になります。

イ）看護師、医師との連携

　児童生徒の病院での生活を支える看護師、医師との連携は欠かせません。毎日の「病棟ノート」という連絡用ノートでのやりとりや、定期的な連絡会の開催等を通して、密に情報交換をしています。また、児童生徒が安全に登校したり、活動の幅を広げたりするための相談なども、日常的に行っています。

　児童生徒にとって、学校や友達という存在は大切で当たり前の‘日常’です。

病気や障害が重くても、どこにいても、それらを感じられるようにすることや、目の前の児童生徒に注意深く丁寧に関わり続けていくことの意味や価値を支援者が共有することが、連携・情報交換の前提であると考えています。

ウ）大学等外部機関との連携

本校では、数年前から大学と連携し、月1回のICT活用委員会を開催してきました。委員会では、大学のICT支援技術に関わる先生を外部講師として招き、最新機器の紹介や授業参観を通しての相談、病院スタッフを交えたミニ研修会等を行っています。外部講師には、定期的に病院や校内を見学して児童生徒と積極的に関わってもらい、その児童生徒にとって'ちょうどいい'機器やテクノロジーは何かを一緒に考えるようにしています。

また、最近は学校だけでなく、重心病棟での生活をより豊かにするためのICT活用について、学校・病院・大学の関係者で共に考え、病室や病棟ホールでの具体的な活用方法等の検討を始めています。

②　自作支援ツールの活用

これまで述べてきたように、多職種で児童生徒を見ることで、目指す姿や、アプローチすべき事柄・身体箇所などがより明確になります。しかし、重症心身障害の児童生徒が使いこなせるツールを既製品から探すことが難しいため、「児童生徒本人の力や動きで何かを行う」場面が限定されてしまいます。そこで、この課題を解決するために、自作支援ツールとしてスイッチをはじめ、様々な

写真1　左：マレットマシンとんとん君
　　　　右：押し出しマシンおしだし君
　　　　（各種スイッチを使って接続して使用）

ものを自校で作成し、活用しています（写真1）。また、他校向けに制作会を開催したり、作成したツールを提供したりする取り組みも行っています。

（3）集団活動への参加における事例
【クリスマスお楽しみ会でのツリー点灯】（図1）

①　生徒の実態と活動の概要

高等部1年生の生徒Aは、溺水後遺症で隣接病院の重心病棟Post-NICUに入院し、人工呼吸器管理を含む体調管理が必要な超重症児です。感染症が流行する冬期の登校が難しく、学部行事等の集団活動はテレビ会議システムを活用してき

ました。また、OTとの共同授業やICT活用委員会を通して、動きの出る身体箇所の探索や活用機器の選定を行ってきました。

　毎年12月に行う高等部行事「クリスマスお楽しみ会」では、当日登校ができない本生徒が、病室からの操作で学校のクリスマスツリーを点灯させました（図1）。

② 教材

病室：センサースイッチ、タブレット端末、タブレット端末のタッチャー、振動スピーカー等

学校：小型Wi-Fi開発ボード、リレー、クリスマスツリー、モバイルバッテリー等

図1　クリスマスお楽しみ会でのツリー点灯

③ 活動の成果

　テレビ会議システムと振動スピーカーを介して学校の友達の声を感じると右手親指の動きが活発になり、親指の付け根に貼ったセンサースイッチが動きを感知し、病室のタブレット端末と学校の小型Wi-Fi開発ボードを介して信号が送られ、病室にいながら学校のクリスマスツリーを点灯させることができました。学校の友達は生徒Aの存在感を感じて歓声をあげ、生徒Aはテレビ会議システムと振動スピーカーを介して友達の歓声や雰囲気を感じ、手指を動かす、目を開ける等の表出が見られました。

　集団活動に画面越しに参加するだけでなく、その中で役割を果たし、互いの存在感をそれぞれの感じ方で得られたことがこの活動の成果です。

（4）おわりに

　超重症児を含む重症心身障害の児童生徒の支援にあたっては、反応が少なく成長や発達を見とることが難しくても、児童生徒一人一人を肯定的に捉え、丁寧に関わり続けていくこと、児童生徒が生きる世界・日常をできる限り体験できるようにすること自体に大切な意味があると感じます。

第4章

病弱教育に
関する Q&A

1 病気の子どもの学びの場

Point

　病弱教育は、医療と連携しながら子どもの病状に応じた教育を行っています。病院に隣接または併設した特別支援学校は「病院にある学校」、病院内にある特別支援学校や小・中学校等の特別支援学級のことを「病院内にある学校（学級）」と呼んでおり、教育活動が行われています。

 入院している子どもの教育は、全ての病院で行われているのですか。

　病院内にある学校（学級）は、比較的多くの子どもが入院できる病院にはありますが、子どもの入院が少ない病院の場合は学校（学級）がないこともあります。

　病気療養中であっても、子どもは学び、成長し続けます。ですから、小・中学校等と同様に学習指導要領等を踏まえた教育が継続されなければなりません。しかし、現状は、こうした病院にある学校（学級）が設置されていない病院であったり、特別支援学校の教師を病院へ派遣して授業を行う「訪問教育」の制度が活用できなかったりする場合もあります。また、病院内にある学校には、小学部と中学部だけが設置されている等、高校段階の生徒の学習保障は十分とはいえません。入院する高校段階の生徒に活用できる制度もあるので、詳しくは「遠隔教育」（P50）を参照してください。

 「病院にある学校」や「病院内にある学校（学級）」で学習するためには、どのような手続きが必要ですか。

　病院にある学校や病院内にある学校（学級）に転校するには、手続きが必要です。転校の手続きについては、基本的には保護者が入院前に在籍していた小・中学校等に転学する旨を伝えて必要な書類を受け取ってください。病院にある学校や病院内にある学校（学級）は、転校のために必要な手続きについて教えてくれるので、まずは気軽に相談してみてください。

〔注意〕特別支援学校への転校は、法令上はあらたに病弱者（視覚障害者等）になったと居住地の小・中学校等の校長が、教育委員会へ届け出る（通知する）必要があります。（学校教育法施行令第12条）

Q3 数週間の入院でも転校が必要ですか。

　病院にある学校や病院内にある学校（学級）に学籍を移し、その学校の児童生徒として教育を受けるためには、転校することが原則です。それは、学籍のある学校が責任をもって教育するだけでなく、万が一の事故等の対応にも関わります。転入手続きが必要になりますが、迅速に行われるよう、学校や教育委員会では、手続きの簡素化等の対応を進めています。

　また、入院期間が短いなど、様々な理由のため、保護者の中には転校を希望しないこともあります。そのような場合は、学校を欠席することになり、学んでいない期間、学んでいない単元等の学習空白ができてしまいます。退院して学校に通うことになっても、すでに授業は先に進んでおり、空白部分を埋めることは難しくなります。それが「勉強がわからなくなった」という自信のなさにつながることもあります。

　入院する子どもには、入院治療も学習も必要です。退院後の学習生活に、いかに負担なくつなげていくか、病院にある学校や病院内にある学校（学級）に相談したり、入院前に通っていた学校にどのような学習支援が受けられるか相談してみることをお勧めします。

2 教科書の取扱い

Point

　教科書は、各学校の教育課程に基づいて、各教科を指導する際に使用される主たる教材であり、児童生徒が学習を進める上で重要な役割を果たしています。また、教育の機会均等を実質的に保障し、全国的な教育水準の維持向上を図るため、学校において、教科書を使用することが義務付けられており、入院中の児童生徒にも無償で給与されています。

Q1 入院により転校したときに、前籍校の教科書と転校先の教科書が異なる場合は、どうしたらよいですか。

　教育課程の編成は各学校が責任をもって行うものであり、教科書とは、その教育課程に基づいて各教科を指導する際に使用される主な教材です。義務教育段階で転校する場合には、前籍校で転校に必要な書類（在学証明書や教科書給与証明書など）を発行してもらい、転校先の学校にそれを提出します。この教科書給与証明書をもとに確認作業を行い、転校前に使用していた教科書と異なる場合には、その教科書が新たに無償で給与されることになります。

Q2 退院後の復学を考えると、前籍校の教科書を使用したほうがよいのではないですか。

　病気の児童生徒を指導する際には、児童生徒の病気の状態や学習空白等の実態等を把握し、前籍校で使用していた教科書と転校先の学校で使用する教科書について、教科書ごとに各教科の指導内容がどのような順で取り上げられているかなどを確認することが必要です。その中で、適宜、前籍校での教科書を参考に取り上げながら、前籍校に戻ったときに困らないように配慮した指導をすることはあります。また、学校案内に「転校前の学校で使用していた教科書等を使って学習を進めることもあります」と記載している学校もあります。ただ、前籍校の教科書を参考にすることはできますが、在籍している学校の教育課程にそって学習するので、在籍校の採択する教科書を使用することになります。

　なお、転校後すぐに教科書が給与されない場合などには、少人数指導や個別指導の際に、前籍校での教科書を副教材等として使用することはあり得ます。

病気で出席できる時間が限られている場合でも、教科書にあることは全部教えなくてはならないのですか。

　教科書を使用して指導する必要はありますが、必ずしも教科書の全部を指導しなければならないわけではありません。しかし、学習指導要領第2章以下は、特に示す場合を除き、必ず取り扱う必要があります。教科書は、あくまでも主たる教材であり、教科書を教えるのではなく、教科書を使って資質・能力の三つの柱をバランスよく育成することを目指した指導が求められます。目指すべきは、児童生徒が各教科等の特質に応じた物事を捉える視点や考え方（見方・考え方）を働かせながら、目標に示す資質・能力を育成することです。

 デジタル教科書において、病気の児童生徒に必要とされる機能にはどのようなものがありますか。

　平成31年4月から、法令上、学習者用デジタル教科書は、必要に応じ、紙の教科書に代えて使用することができるようになりました。
　病気の児童生徒にとって、デジタル教科書に必要とされる機能としては、概ね以下のようなものが考えられます。
　①障害の状態に応じた様々な機能のあるソフト
　　・文字の白黒反転機能やフォントの変更機能
　　・文字の拡大や行間の調整やふりがなをつける機能
　　・文節ごとに区切る機能
　　・文字の読み上げ機能（速度調整が可能）
　　・読み上げの位置を示したり必要な情報のみ表示したりする機能　など
　②必要な機能が装備された情報端末
　　・基礎的なアクセシビリティ（障害のある人を含む全ての人が使いやすい環境）の保障ができる
　　・手書き入力ができる、または手書き入力装置が接続できる
　　・入力しやすいキーボードやレバー式のコントローラが接続できる
　　・各種センサーを利用したスイッチが接続できる
　　・上記の機器を接続できるようなインターフェースを備えること
　特に病気の児童生徒の場合、治療のためクリーンルーム（無菌室）等で学習しなければならないこともあります。そのようなときにネットワークを活用して、教室にいる友達と一緒に学習したり、話し合いながら学習を進めたりすることができるデジタル教材が充実し、それをいつでも活用できるようになることが望まれます。

3 授業時数等

Point

　入院中の児童生徒の一日は、治療や検査、リハビリなどの医療面が優先されます。また、最近では、入院期間が短期化の傾向にあるため、これまで以上に、児童生徒の実態を考慮しつつ、授業時数を確保することが大切です。

Q1 どうしても授業時数を確保できない場合は、どうしたらよいですか。

　入院中の児童生徒については、治療を優先する必要があるため、どうしても授業時数を確保できないことがあります。法令や学習指導要領で示されているように、年度当初の計画では、年間の総授業時数を確保する必要があります。特別支援学校の小・中学部では、療養中の者や重複障害者、訪問教育については、特に必要があるときは授業時数を適切に定めることができます。また、高等部でも重複障害者に対して、自立活動を主とした指導を行う場合と訪問教育を行う場合は、授業時数を適切に定めることができます。しかし、これは療養中（小・中学部だけ）、または重複障害者、訪問教育の場合に限定された規定です。

　なお、自立活動を主とした指導については、特別支援学校の対象である5障害のうち複数の障害を併せ有するだけでなく、当該障害以外に言語障害等を併せ有する場合についても適用できます。

Q2 「10分から15分程度の短い時間を活用して教科等の指導を行う」とはどういうことですか。

　教科等の指導を行う際には、当該教科や学習活動の特質に照らし、10分から15分程度の短い時間を活用して指導することが妥当かどうかの教育的な配慮に基づいた判断が必要となります。例えば、既習内容の確実な定着を図るためであれば、10分から15分程度の短い時間における指導に適した学習活動と考えられますが、児童生徒が学習していない内容やホームルームなどについては、通常は10分から15分程度を単位として指導を行うことは適切ではありません。

　なお、中学部や高等部の各教科の指導は、各教科の担当者が指導しますが、「当該

教科等を担当する教員が単元や題材など内容や時間の規制を見通した中で、その指導内容の決定や指導の成果の把握と活用等について責任をもって行う体制が整備されている」場合については、当該教科の担当者以外（例えば学級担任等）が、10分から15分程度の学習を実施した場合も、それを当該教科の授業時数に含めることができることになっています。10分から15分程度の時間での指導の成果を活用するためには、例えば、10分から15分程度の時間の活用を各教科の授業時数の一部として設定して、その成果を活用する授業時間を確保したり、高等部において10分から15分程度の時間を単位として義務教育段階の学習内容の確実な定着を図る学習活動を行う場合にその内容を基礎としている各教科・科目の指導との密接な連携を図ったりすることが考えられます。また、義務教育学校段階の学習内容の確実な定着を図る学習活動であっても、10分から15分程度の時間の指導のみではその内容の定着が十分に図れない生徒がいる場合には、上記のようなある程度まとまった授業時間において対応することのほか、当該教科の担当教師が補充的な指導を十分に行うといった工夫をすることも大切です。

 Q3 治療や体力等への配慮から、教室で学習できない状態の児童生徒に対して、特別支援学校の場合は、病室での訪問教育としてベッドサイドでの指導をすることがあると聞きました。その際の授業時数はどのようになっているのですか。また、学習の記録や出席等の扱いはどうしたらよいですか。

　特別支援学校（病弱）では、病室へ教師が訪問して教育を行うことがあります。児童生徒の病気の状態に応じて指導できる時間を確保し、他の児童生徒への指導に支障がない範囲で実施します。訪問教育の場合の授業時数については、法令では特に定められていませんが、平成29年4月に公示された特別支援学校小学部・中学部学習指導要領では、「障害のために通学して教育を受けることが困難な児童若しくは生徒に対して教員を派遣して教育を行う場合について」は、実情に応じて授業時数を定めることが規定されています。

　また、ベッドサイドでの指導は、授業として行っているのですから、欠席ではなく出席です。ただし、実際に指導した時間帯や指導した教科名、指導した内容等について記録しておき、通学できるようになったときに、児童生徒が学習したことを他の教師に伝えたり、前籍校の担任にしっかりと引き継いだりすることができるようにしておくことが大切です。訪問教育の授業時数を定めるに当たって文部科学省（当時は文部省）は、『季刊特殊教育』の誌上において、現行の教員配置を踏まえて週6時間程度の指導を行うことを求めています（以前は4時間程度でした）。ですので、これを標準として児童生徒の状態や学習環境等に応じて増加させることも可能です。

4 個別の指導計画と個別の教育支援計画

Point

　病気の児童生徒は、授業時数や授業内容の制限を受けているほか、学習空白ができたり進度に遅れが生じたり、身体活動の制限を伴ったりする場合が少なくありません。また、集団活動や直接体験の不足などもありますから、指導計画等を作成する場合は、一人一人について的確な実態の把握が不可決となります。

Q1 個別の指導計画や個別の教育支援計画の作成が義務付けられていることは、どこに示されていますか。

　文部科学大臣が公示する学習指導要領等で、特別支援学校や特別支援学級、通級による指導の際は、これらの計画の作成、活用が義務付けられています。

　特別支援学校については、平成11年3月に公示された学習指導要領等において、重複障害者の指導と自立活動にあたり個別の指導計画を作成することが義務付けられました。平成21年3月に公示された特別支援学校学習指導要領等では、各教科等の指導にあたって、個々の幼児児童生徒の実態を的確に把握し、個別の指導計画を作成することが規定されました。

　小・中学校等については、平成29年3月に公示された小学校と中学校の学習指導要領において、特別支援学級に在籍する児童生徒及び通級による指導を受けている児童生徒は、全員作成することが義務付けられました。

　また、「学校教育法施行規則の一部を改正する省令の施行について（通知）」（平成30年8月27日　30文科初第756号）において、障害のある子どもが地域で切れ目なく支援を受けられるよう、各学校において作成する個別の教育支援計画について、保護者や医療、福祉、労働等の関係機関等との連携を一層推進するために必要な省令改正がされています。（P174参照）

Q2 個別の指導計画の作成のためには、的確な実態把握が必要だといわれますが、どのようにして実態把握をすればよいですか。

　実態把握には、大きく分けて教育面、心理面、医療面からの把握が考えられます。例えば、日々の生活の中で気づいたことをメモする、児童生徒に関わる教師がチェックリスト等を使って共通の視点で行動等を把握する、個人面談等を通して学習の意欲や幼児児童生徒の気持ちを理解する、心理検査・発達検査を活用するなどの方法

があります。一つの方法だけにとらわれず、多面的に実態把握をするようにしてください。

　また、学習空白によって、「勉強がわからない」ことが自信喪失につながり意欲が低下して、全ての教科の学習が苦手になることもあるため、学習できなかった教科だけではなく、広い視点で習得状況を把握します。例えば、小学校3年生で学習した内容が4年生の学習する内容にどのように関連するのかといった系統性を踏まえて、どの段階でつまずいたのかを確認します。その際、各教科の学習段階別系統表などを各校で作成し、教職員が共通の視点をもち指導することも大切です。学習の系統性を踏まえた上で、振り返り学習を行ったり、一部を下学年の内容に替えたりしながら、個々の児童生徒の実態に即した指導内容や指導方法を工夫します。

　なお、家庭での様子を保護者や本人から聞いて、情報を得ることも大切です。医療面については、入院の場合は病棟の看護師や医師から聞くことがありますが、病気に関する情報は重要な個人情報ですので、保護者の了解を得て入手してください。

 保護者から個別の教育支援計画を見せてほしいと言われましたが、保護者に見せる必要はありますか。

　個別の教育支援計画は、児童生徒への支援について、長期的な視点で、関係機関と連携しながら作成するものです。そのときに、一番の理解者であり支援者でもある保護者の参画を得て進めることは特に大切です。また、個別の教育支援計画には、可能な限り保護者と合意形成を図った「合理的配慮」を記載することになっているので、作成した個別の教育支援計画については、保護者と共有することが望ましいとされています。

　ただし、保護者からの虐待などにより児童生徒が入院したり、施設に入所したりすることがあり、そのような場合など保護者の参画を得ることが、児童生徒にとって望ましくないこともあります。一律に同じような対応ができるわけではありませんが、保護者の参画を得て、児童生徒に対する支援の考え方を共有することは大切です。

 児童生徒に関して、医療との連携だけでなく、福祉や保健などの機関と連携するのはなぜですか。

　病気や障害のある児童生徒には、学校教育だけでなく、家庭や地域での支援も重要です。また児童生徒の支援のために、保健所や児童相談所、発達障害者支援センターなどの学校以外の支援機関も、それぞれの制度に基づき、責任をもって一人ひとりのニーズに応じた支援を行っています。しかし、家庭や地域、各機関がそれぞれに支援を行っていては、情報が共有されず、必要な支援を受けることができないのかもしれません。そこで、関係機関と連携し、個々の実情に応じた教育支援計画の作成・活用を通して、各機関の役割や各機関が実施している支援の内容等を共有することが必要となります。

5 | 遠隔教育

Point

　病気の児童生徒にとって、個々のニーズに応じた学習機会の確保や、対話的な学び等、各側面において遠隔教育の必要性は高く、これまでに様々な取り組みが行われ注目されています。

Q1　遠隔教育とは、どのようなものですか。

　遠隔教育とは、一般的には、空間的に離れた場所にいる人々に対して、通信手段を利用して行う教育のことです。学校教育においては、「高等学校における遠隔教育の在り方について（報告）」（平成 26 年 12 月 8 日）によれば、同時双方向型は、学校から離れた空間へ、インターネット等のメディアを利用して、リアルタイムで授業配信を行うとともに、質疑応答等の双方向のやりとりを行うことが可能な方式であり、オンデマンド型とは、別の空間・時間で事前に収録された授業を、学校から離れた空間でインターネット等のメディアを利用して配信を行うことにより、視聴したい時間に受講をすることが可能な方式です。

Q2　小・中学生と高等部の生徒を対象とする場合、法律等を含め、取り組みにはどのような違いがありますか。

　高等学校、特別支援学校高等部の遠隔教育については、平成 27 年 4 月、学校教育法施行規則の改正等により、全ての高等学校・特別支援学校高等部を対象としたメディアを利用して行う授業（同時双方向型）の制度化、文部科学大臣の指定を受けた高等学校のみを対象としたオンデマンド型教育の特例の創設、特別支援学校高等部のみを対象とした訪問教育における遠隔教育の導入が行われました。

　そのうちの同時双方向型については、卒業までに修得すべき 74 単位のうちの 1／2 未満である 36 単位を上限とすることとし、教科・科目ごとに一部、直接対面による授業を行うことや、特別支援学校高等部において、修了要件が異なる場合は、その 1／2 未満までを上限とすることが条件としてあげられます。また、配信側教員は、担当教科の免許保持者かつ受信側高校に属する教員であることや、受信側は原則として当該高校の教員（担当教科外でも可）の立会いのもとで実施することも条件としてあげられています。

　オンデマンド型教育は、不登校生徒を対象とした既存の特例を疾病による療養又

は障害のため通学して教育を受けることが困難な生徒にも対象を広げたものであり、36 単位を上限として単位認定を行うことが可能です。

　訪問教育における遠隔教育の導入については、同時双方向型、オンデマンド型ともに実施可能で、対象は療養中及び訪問教育を受ける生徒のみとなっています。修了要件のうち、1／2未満までを上限とし、科目ごとに、一部、直接対面による授業を行うことが必要です。

　小・中学生における病気療養児を対象にした遠隔教育については、平成30年9月、「小・中学校段階における病気療養児に対する同時双方向型授業配信を行った場合の指導要録上の出欠の取扱い等について（通知）」が出され、「病気療養児に対する教育の一層の充実を図るため、小学校、中学校、義務教育学校、中等教育学校の前期課程、特別支援学校小学部・中学部において、病院や自宅等で療養中の病気療養児に対し、インターネット等のメディアを利用してリアルタイムで授業を配信し、同時かつ双方向的にやりとりを行った場合」には、「校長は、指導要録上出席扱いとすること及びその成果を当該教科等の評価に反映することができることとする」とされました。配信側の教師は、当該病気療養児が在籍する学校の教師の身分を有する者であり、中学校等においては教科等に応じた相当の免許状を有する者であることが必要です。また、受信側は、教員の身分を有する者でなくても可能です。例えば、保護者、保護者や教育委員会等が契約する医療・福祉関係者などがあげられます。学校と保護者が連携・協力し、当該児童生徒の体調の管理や緊急時に適切な対応を行うことができる体制を整えることが必要です。

効果が期待できる遠隔教育の方法やその例を教えてください。

　病室で療養中の児童生徒の場合、病室に持ち込めない動植物や実験器具を用いた観察の学習について、教室と Web カメラやタブレット端末等を用いてリアルタイムでつなぎ、教師の説明を聞き、また質問しながら観察の様子を映像で見る取り組みなどが考えられます。また、病院内の教室では、児童生徒の学習集団ができにくいという課題があります。そこで、本校の教室等とつないで、例えば、総合的な学習の時間で調べた内容について互いに発表や質問をし、学びや交流を深めることなどが考えられます。

　入院児童生徒の復学を見据えた取り組みの例としては、前籍校の遠足先と病院内の教室とをタブレット端末等を用いてつなぎ、リアルタイムで様子を配信し、映像を見ながら、前籍校の児童生徒と質問し合って会話のやりとりをするなどの取り組みが考えられます。

　退院後、自宅療養が続き登校ができない児童生徒の場合については、特別支援学校の病院内での取り組みのノウハウを生かして、前籍校等の教室に板書と学級全体の様子が映るように Web カメラを設置して、パソコンやタブレット端末等で自宅から授業に参加できるようにする取り組みなどが考えられます。

6 医療的ケア

Point

　近年、医療の技術の進歩等を背景に、学校において日常的にたんの吸引や経管栄養等の「医療的ケア」が必要な児童生徒が増加しています。子どもたちが安心して学校生活をおくることができるよう、また、保護者の負担が少しでも軽減されるよう、学校、医療、家庭等が連携・協力し取り組んでいくことが大切です。

Q1 医療的ケアは、どのような場合に実施されるのですか。

　学校における医療的ケアとは、学校で行われる医療行為のことです。学校が保護者からの依頼を受け、主治医の指示書の内容に従って実施されます。教育活動を行う上で、児童生徒等の安全確保が保障されることが前提です。病院とは異なり、医師が近くにいない状況で医療的ケアを実施することになるため、学校は校長、学校医（又は、指導医）、看護師、養護教諭、教員等で構成される医療的ケア安全委員会等を設置し、主治医からの指示に基づく医療的ケアが安全に実施でき、学習活動に参加できるかを十分に検討することが大切です。また、実施する医療的ケアについて、主治医や保護者等と情報交換を行い合意形成して実施することも重要です。

Q2 特別支援学校（病弱）の中でも医療的ケアを実施していない学校があると聞きますが、医療的ケアを学校で実施しなくてもよいのですか。

　平成28年6月に児童福祉法の一部が改正され、第56条の6第2項の規定が施行されました。そこでは、地方公共団体は、医療的ケア児がその心身の状況に応じて適切な保健、医療、障害福祉、保育、教育などの関連分野の各支援を受けられるよう、関係機関との連絡調整を行うための体制整備を図るよう努めることとされています。

　また、障害者基本法第16条第1項には、「国及び地方公共団体は、障害者が、その年齢及び能力に応じ、かつ、その特性を踏まえた十分な教育が受けられるようにするため、教育の内容及び方法の改善及び充実を図る等必要な施策を講じなければならない。」ことが記されています。また、その第2項には「国及び地方公共団体は、前項の目的を達成するため、障害者である児童及び生徒並びにその保護者に対し十

分な情報の提供を行うとともに、可能な限りその意向を尊重しなければならない。」ことが示されています。また、障害者差別解消法では、国及び地方自治体に合理的配慮の提供を義務付けています。

　これらのことを受けて、現在、医療的ケアを実施していない学校においても、必要に応じて教育委員会のリーダーシップのもと、地域の実情を踏まえながら、医療的ケアの実施と体制の整備・充実を図っていく必要があります。

 Q3　医療的ケアを実施するにあたって法律等の規則や、都道府県によって決まりがあるのですか。また、注意すべき事項を教えてください。

　医療的ケアとして実施されている「喀痰等の吸引」「経管栄養」等は、原則として医行為となります。医行為とは、医師の医学的判断及び技術をもってするのでなければ、人体に危害を及ぼし、又は危害を及ぼすおそれのある行為のことです。医師法等の医療の資格に関する法律は、免許を持たない者が医行為を行うことを禁止しています。医師免許や看護師等の免許を持たない者は、医行為を反復継続する意思をもって行うことはできません。ただ、平成 24 年 4 月の社会福祉士及び介護福祉士法の一部改正に伴い、看護師等の免許を有しない介護福祉士や一定の研修（教育）を受けた介護職員や教職員等も、「口腔内の喀痰吸引」「鼻腔内の喀痰吸引」「気管カニューレ内の喀痰吸引」「胃ろう又は腸ろうによる経管栄養」「経鼻経管栄養」の 5 つの特定行為に限り、都道府県知事に認定され「認定特定行為業務従事者」となるなど、一定の条件のもとで制度上実施できることになりました。上記の 5 つの特定行為以外の医行為については、看護師等の免許を有するものが実施する必要があります。いずれの医行為にせよ、主治医の指示書の内容に従って実施することが前提です。

　これらの法律等に従って、各都道府県の教育委員会・学校は、それぞれの地域の実情を考慮して医療的ケアガイドライン等を作成し、それに基づいて学校での体制を整備し、医療的ケアを実施しています。

7 合理的配慮

Point

　学校において、障害のある児童生徒が他の児童生徒と平等に十分な教育を受けられるよう、発達の段階を考慮しつつ、一人一人の障害の状態や教育的ニーズ等に応じて合意形成を図った上で、「合理的配慮」の提供を行うことが義務付けられました。

 これまで特別支援教育で行ってきた配慮と、合理的配慮はどこが違うのですか。

　合理的配慮とは、「障害者の権利に関する条約」により新たに示された考え方です。本人・保護者による意思の表明により検討されるもので、設置者及び学校にとって過度の負担でない場合に、本人・保護者と可能な限り合意形成を図った上で提供されるものです。また、その内容は個別の教育支援計画に明記し、児童生徒一人一人の発達、適応の状況等から柔軟に見直しができることが大切となります。合理的配慮が個別に必要とされる理にかなった変更・調整ということからも、特別支援学校や特別支援学級でも必要なものであり、その理解と提供を進めることが求められています。

　特別支援学校（病弱）や病弱特別支援学級では、これまでも個々の病気のある子どもの実態やニーズ、学級や学校の状況を踏まえて配慮すべきことについて検討が行われてきており、そのような支援や配慮は基礎的環境整備として提供されることが多いと思われます。ただ児童生徒の病状や治療、入院期間が大きく変化する中で、それらに応じた理解が求められ、児童生徒及び保護者からの要望も様々になってきていることからも、学校や学級の状況により合理的配慮の提供が必要となります。そのような個々の児童生徒への取り組みが多く蓄積されることで、基礎的環境整備のさらなる充実へとつながることが考えられます。

 本人・保護者からの「意思の表明」がない場合は、合理的配慮の提供を行わなくてもよいのですか。

　特別支援学校（病弱）や病弱特別支援学級では、個々の病気のある児童生徒への適切と思われる支援を検討するため、児童生徒の病気の状態やニーズ等の把握に努めることが大切です。その際に、本人や保護者から必要な支援や配慮についての要

望を聞くことも大切となります。特に申し出がない場合でも、必要であると思われる支援や配慮については、建設的に提案していくことが必要となるときもあります。ただ、本人・保護者の要望が学校にとって過度な負担がある場合については、代替案を提案するなど、話し合いながら本人や保護者と合意形成を図ることが大切です。また、病院内で教育を行う場合には、設備が十分でなく、医療機関に依存することが多いので、病院と連携しながら進めることが重要です。それだけでなく、合理的配慮の提供者であることに加えて、学校は児童生徒が社会に参加していくために適切な「意思の表明」ができるよう、自分で選択し、他者に伝える力を身に付けるための教育を担う機関でもあるという視点も重視する必要があります。

Q3 病弱教育に関する学校における配慮事項には、どのようなものがありますか。

　中央教育審議会初等中等教育分科会が取りまとめた「共生社会の形成に向けたインクルーシブ教育システム構築のための特別支援教育の推進（報告）」（以下、初中分科会報告）の別表には、各障害種に応じた合理的配慮の3観点11項目についての例示があります。例えば「1-2-2 学習機会や体験の確保」では、「入院時の教育の機会や短期間で入退院を繰り返す児童生徒の教育の機会を確保する。その際、体験的な活動を通して概念形成を図るなど、入院による日常生活や集団活動等の体験不足を補うことができるように指導する。（以下、略）」と記載されています。この例示は文部科学省の Web 上に掲載されており、参考にすることができます。また個々の児童生徒の実情に応じた合理的配慮を検討する際には、「インクルーシブ教育システム構築支援データベース」（以下、「インクル DB という」。）が参考となります。例えば、入院中の骨形成不全のある小学1年生の児童に対して行った「1-2-2 学習機会や体験の確保」の具体的な方法として、「病院内という限られた条件の中ではあるが、生活科における病院の探検、売店の見学や調べ学習、買い物学習などを段階的に計画し、積極的に実際に体験できる機会を確保した」等が記載されています。インクル DB は国立特別支援教育総合研究所の Web サイトに掲載されています（http://inclusive.nise.go.jp/）。

　病弱教育が対象としている疾患は多様であり、また疾患名が同じであっても、病状は一人一人異なります。病気のある児童生徒の合理的配慮を検討する際には、多様な子どもの状態に応じて検討することが大切であり、初中分科会報告の別表やインクル DB で示されていることを実施するだけでは、不十分なことがあります。合理的配慮は児童生徒の実態を十分に把握し、児童生徒や保護者と合意形成を図りながら、個別に提供することが大切です。

8 キャリア教育

Point

　病気療養児の社会的自立には、多くの課題を伴うことが多いですが、特別支援学校の学習指導要領でキャリア教育が取り上げられてから、こうした子どもたちにとっても「キャリア教育」の必要性が再確認され、指導の充実が図られています。

 キャリア教育とは、どのようなものですか。

　キャリア教育とは、児童生徒が、学ぶことと自己の将来とのつながりを見通しながら、社会的・職業的自立に向けて必要な基盤となる資質・能力を身に付けていくことを目標とした教育的働きかけです。特別活動での学級活動を要としながら、学校の教育活動全体を通して取り組むことが重要であり、将来の生活や社会と関連づけながら、見通しをもったり、振り返ったりする機会を設けること等が必要となります。校内の組織を整え、保護者や医療者等との連携を密にしながら、計画的、組織的に行うこと等も大切となります。

 病気の子どもたちのキャリア教育として、大切にしなければならないことは何ですか。

　病弱の子どもの場合、病状によっては、将来への希望や見通しをもちづらいこともありますが、そのような児童生徒にとっても自己理解を深めることを通して、自己と社会とのかかわりについて考えることは重要となります。そして将来に向けて望ましい自己実現ができるように指導・支援することが大切です。また病状のため、すぐに就労することが困難なケースでは、将来の趣味の拡大や生きがいにつながればよいと考える人もいますが、学ぶことと社会や職業とのつながりを意識させ、児童生徒が自分自身の進路を主体的に自己選択、自己決定できるように指導していくことも大切です。

　そのような指導を行う上で基盤となるのは、まず自己管理能力を育成することです。自立活動の時間での指導を中心に医療者との連携を図りながら病気に対する自己管理能力の育成を行っていく必要があります。次に社会性を高めることが重要となり、病気の子どもは病気療養や入院などのため、社会性に未経験なことや未熟な

面がありますので、学級活動や児童生徒会活動などでの集団活動を多く取り入れることが必要です。職場体験、社会見学などでの体験学習や、社会人講話などの取り組みを行うなど、社会性を高めたり、将来の生活や社会、職業とのつながりを意識させる機会を確保したりすることも大切です。また地域の方々や、入院中等では病院関係者と連携・協働しながら様々な活動が行えるようにすることも必要です。

Q3 病弱教育の特徴的で具体的な実践を教えてください。

　病気のため、行動に制限がある児童生徒にとっては、自分の将来と社会、職業とのつながりを意識させる機会を確保することが難しくなります。特に小児がんなどで入院中の児童生徒にとっては、活動が病院内に制限されることが多くなります。そのような制限に対して、「病院関係者に子どもがインタビューする」「調理室や薬剤部を見学する」など病院内の施設や人材を活用して、活動範囲や学習内容を広げる取り組みをしている学校もあります。

　筋ジストロフィーや脳性まひなど身体的運動制限のある児童生徒も、社会や職業とのつながりを意識させる機会の確保が難しくなります。そこで、コンピュータや情報通信ネットワークなどの情報手段等を活用することが大切になります。入力支援機器を工夫するとともに、病室から Web 会議システム等により外部の人とのつながりをもたせることで、社会、職業とのつながりを意識させるような体験活動を充実させている学校があります。また、電子メールや Web 会議システム等を活用して、病室または教室で職場での実習等を体験できるようにしている学校もあります。

　精神疾患及び心身症などの児童生徒の場合、対人関係や集団行動の困難さ、生活習慣の乱れなどがあります。このような児童生徒に対して、社会的・職業的自立に向けた社会適応能力を高めるためには、まずは少人数での学級活動などを重視した取り組み等が大切となります。児童生徒の病状を考慮しながら、児童生徒会活動を行ったり、職場体験を行ったりしている学校もあります。

　また、障害者手帳を持っていない場合には、将来、必要な支援等が得られないことがあるので、障害者手帳の取得や資格取得等を視野に入れた取り組みを行ったり、資格が取得できる専門学校等に関する情報提供を行ったりすることで、社会参加への見通しをもたせることも大切です。

第
5
章

資　料

教育支援資料（抄）

（平成 25 年 10 月　文部科学省初等中等教育局特別支援教育課）

V　病弱・身体虚弱

　病弱も身体虚弱も、医学用語ではなく一般的な用語である。病弱とは心身の病気のため弱っ
ている状態を表している。また、身体虚弱とは病気ではないが身体が不調な状態が続く、病気
にかかりやすいといった状態を表している。これらの用語は、このような状態が継続して起こ
る、又は繰り返し起こる場合に用いられており、例えば風邪のように一時的な場合は該当しな
い。

　病弱及び身体虚弱の子供（以下、病弱児という）の中には、医師や看護師、心理の専門家等
による治療だけでなく、学習への不安、病気や治療への不安、生活規制等によるストレスなど
の病弱児の心身の状態を踏まえた教育を必要とすることが多い。

　例えば、病気の治療過程で吐き気や痛み等を伴うことがあり、病気や治療への不安を抱えて
いることがある。また、入院中の子供の場合には、親や兄弟と離れて生活する不安、行動や生
活が制限されることへの不満などを抱えている。更に入院や通院等のため学校で学習できない
ことが繰り返し起こり、その結果、学校での学習内容が理解できない、授業について行けない
という不安を抱えていることも多い。そのため病弱及び身体虚弱の子供に対して行われる教育
（以下、病弱教育という）においては、このような状況を理解した上で指導に当たらなければ
ならない。

1　病弱・身体虚弱の子供の教育的ニーズ

（1）早期からの教育的対応

　病弱（身体虚弱を含む）の子供に対する教育を行う特別支援学校（以下、特別支援学校（病
弱）という）や病弱・身体虚弱特別支援学級に在籍する子供の中には、小学校又は特別支援学
校小学部に入学した後に、入院が必要となる者もいるが、乳幼児期に手術を受け、その後も継
続して又は繰り返して医療を必要とする者、あるいは乳幼児期から服薬等を継続して必要とし
ている者などがいる。就学前に手術や治療を受けた子供であっても、多くの場合は学校での特
別な支援は必要とはしない。しかし、就学後も、病弱又は身体虚弱のため特別な教育的支援を
必要とする子供については、就学前の医療関係者や保育関係者等と連絡を取り、必要な情報を
入手する必要がある。（中略）

（2）病弱・身体虚弱の子供に必要な指導内容

①　病弱

　病弱とは、学校教育においては、心身の病気のため継続的又は繰り返し医療は生活規制（生
活の管理）を必要とする状態を表す際に用いられている。ここでいう生活規制とは、入院生活
上又は学校生活、日常生活上で留意すべきこと等であり、例えば健康の維持や回復・改善のた
めに必要な服薬や、学校生活上での安静、食事、運動等に関して留意しなければならない点な
どがあることを指す。

　近年、医学や医療の進歩により、治療のための入院を短くするとともに、家庭生活上で必要
とされる生活規制を軽減できるような工夫も行われる中で、病気によっては入院しての治療や
長期間の生活規制を行う必要がなくなってきている。また、患者の QOL（クオリティ・オブ・
ライフ）を大切にする治療 Quality of life：方針がとられるようになり、たとえ医療又は生活
規制を必要とする時期であっても、通常の生活に近い生活ができるような取組が病院でも行わ
れるようになってきている。

しかし、病気によっては、退院後も引き続き通院や感染予防等が必要なことがあるため、退院後すぐに入院前にいた小中学校等（以下、前籍校という）に通学することが難しい場合がある。そのため、入院中だけでなく退院後も病気に対する十分な配慮が必要であり、そのような子供が特別な教育的支援を必要とする場合には、各学校において、病弱教育の対象として対応することが求められる。

　このような病弱の子供を取り巻く状況の変化やそれに伴う課題等を踏まえて、文部科学省では平成25年3月4日に、「病気療養児に対する教育の充実について（通知）」（24初特支第20号）を発出し、①病気療養中の児童生徒の転校手続きの円滑化、②後期中等教育段階での転入学・編入学時の修得単位の適切な取扱い、③特別支援学校（病弱）、小中学校の病弱・身体虚弱特別支援学級、通級による指導（病弱・身体虚弱）など、病気の状態に応じた教育環境の整備、④通学が困難な場合に訪問教育や 等を活用するなどの指導方法等の工夫、⑤通学 ICT が困難な児童生徒に退院後も継続した教育を実施することなどの留意事項を通知した。

②　身体虚弱

　身体虚弱とは、学校教育においては、病気ではないが不調な状態が続く、病気にかかりやすいなどのため、継続して生活規制を必要とする状態を表す用語である。身体虚弱という概念は一定したものではなく、時代により使われる用語も変化してきた。例えば、明治から昭和初期においては腺病質（せんびょうしつ）という言葉が用いられることもあった。

　昭和10年から20年頃には、国民病といわれた結核がまん延する中で、BCGを接種しなくてもツベルクリン反応が陽転し、結核にかかりやすい状態の者が多く、このような日常生活で注意しなければいけない者を身体虚弱者として、必要な教育が行われてきた。第二次世界大戦直後は、我が国の劣悪な食糧事情から栄養状態の不良な、いわゆる栄養失調の者が増えた。その後、社会情勢の変化により、結核や栄養不良は激減するなど、身体虚弱の様相は変わってきている。

　学校教育では、原因ははっきりしないが病気にかかりやすい者、頭痛や腹痛など、いろいろな不定の症状を訴える者も身体虚弱者として必要な教育が行われることもある。更に最近では、治療等の医療的な対応は特に必要とはしないが、元気がなく、病気がちのため学校を欠席することが多い者で、医師から生活規制が継続して必要と診断された場合についても、身体虚弱者として、必要な教育が行われている。この中には、短期間で退院したが、原因不明の不調状態が続く子供や体力的に通常の時間帯での授業を受けることが困難な子供なども含まれている。

③　病弱教育の意義

　病弱教育では、病気の自己管理能力を育成することは重要な指導事項の一つである。そのため、病弱児にとって必要な生活規制とは、他人からの規制ではなく「生活の自己管理」と考えて取り組むことが大切である。また、「生活の自己管理」をする力とは、運動や安静、食事などの日常の諸活動において、必要な服薬を守る力、自身の病気や障害の特性等を理解した上で心身の状態に応じて参加可能な活動を判断する力（自己選択・自己決定力）、必要なときに必要な支援・援助を求めることができる力などを意味する。

　入院や通院等が必要な子供に対しては、これまでも個々の病気の状態等を踏まえつつ、学習が過度の負担とならないように留意しながら教育が行われてきた。たとえ入院中であっても教育を受けたい・受けさせたいと考える子供や保護者は多い。しかし、「入院中は勉強したくない」とか、「病気の子供に無理して勉強させなくてもよい」、「無理して勉強させて、病気が悪化したら大変」と考えている子供や保護者などもいる。また、入院中に教育を受けることができるということを知らないこともある。

　このようなことから、入院中の子供の中には、教育を受けることができていないことがある。病弱教育の制度や病弱教育の意義等を含めて、子供や保護者に正しい情報を伝えることが必要である。

　このような「病弱教育の意義」については、平成6年12月の「病気療養児の教育について」

の審議のまとめで次のページのようにまとめられている。「病弱教育の意義」については、小中学校や高等学校等の通常の学級に在籍する子供が、病気により入院することがあるので、病弱教育に直接関わる者だけでなく小中学校や高等学校の教職員や保護者、教育委員会等の学校設置者にも理解を広げ、子供が入院したときや退院後も適切な教育的対応ができるようにする必要がある。(中略)

　特別支援学校(病弱)、病弱・身体虚弱特別支援学級、通級による指導(病弱・身体虚弱)は、「病弱教育の意義」を踏まえた指導を行うために設置されている。特に平成25年3月4日に発出した「病気療養児に対する教育の充実について(通知)」にあるように、最近は、退院して小中学校に戻ったが、医療機器や感染症予防等のため、継続して又は繰り返して医療や生活規制を必要とする子供が増加しており、このような病弱児のために小中学校内に病弱・身体虚弱特別支援学級を設置することが多くなってきている。(中略)

2　病弱・身体虚弱の子供の教育の場と提供可能な教育機能

　特別支援学校(病弱)、病弱・身体虚弱特別支援学級、通級による指導(病弱・身体虚弱)は、次のような障害の程度の子供を対象に設置されている。病弱児の就学先や学ぶ場を決定するに当たっては、障害の程度や病気の状態だけでなく、日々大きく変動する病状の変化や治療の見通し、関係する医療機関の施設・設備の状況、教育との連携状況、教育上必要な支援の内容、地域における教育体制の状況その他の事情を勘案して判断することが必要である。特に近年は、入院の短期化や、退院後も引き続き配慮や支援を必要とする子供の増加、繰り返し入院する子供の増加、心身症やうつ病等の精神疾患の子供の増加など、病弱児を取り巻く状況や病弱児の実態は大きく変わってきている。

　特に最近は、入退院を繰り返す子供が増える中で、小中学校段階では学習することができたが、高等学校段階になると地域や学校によっては学習できないことがあるため、病弱児の中には、このような進学や学習等に関する不安や悩みを抱えていることもある。各教育委員会においては、このような病弱児を取り巻く状況の変化や個々の病弱児の教育的ニーズを踏まえた上で、必要とされる学びの場を決定していく必要がある。

(1) 特別支援学校(病弱)

一　慢性の呼吸器疾患、腎臓疾患及び神経疾患、悪性新生物その他の疾患の状態が継続して医療又は生活規制を必要とする程度のもの

二　身体虚弱の状態が継続して生活規制を必要とする程度のもの

(学校教育法施行令第22条の3)

　学校教育法第72条には、特別支援学校の対象となる障害者が明記されており、病弱者については身体虚弱者も含まれることが明記されている。そのため、特別支援学校(病弱)の対象となる障害の程度が示されている学校教育法施行令第22条の3の表においては、病弱者の障害の程度については第一号に、身体虚弱者の障害の程度については第二号に示されている。

　特別支援学校(病弱)は、病弱及び身体虚弱の状態が、この第22条の3に示されている程度の者を教育の対象として整備された特別支援学校であり、病院に隣接又は併設されていることが多い。また、病院内に教室となる場所や職員室等を確保して、分校又は分教室として設置している所や、病院・施設、自宅への訪問教育を行っている所も多い。

　また、特別支援学校(病弱)には、小学部、中学部、高等部が設置されているが、高等部が設置されていない所もある。特に、分校や分教室については高等部が設置されていない所が多い。そのため、高等学校段階の子供が入院する場合には、入院した病院で教育を受けることができるかどうか、特別支援学校(病弱)又は都道府県教育委員会等に確認する必要がある。(中略)

① 第一号

　平成14年以前は、「六月以上」の医療又は生活規制を必要とする程度のものを対象としてい

たが、医療の進歩等により、治療開始時の予想以上に急速に回復する場合があることや、治療の効果に個人差があり医療や生活規制を要する期間を予見することが困難であること、たとえ短期間であっても子供が継続して学習できない状態は問題であること、短期間の入院でも特別支援学校（病弱）で教育を受けることについてのニーズが高いことなどから、平成14年に、「六月以上」という規定を改め、「継続して」とした。　病弱で「継続して医療を必要とするもの」とは、病気のため継続的に医師からの治療を受ける必要があるもので、医師の指導に従うことが求められ、安全面及び生活面への配慮の必要度が高いものをいう。例えば、小児がんの子供のように、医師や看護師が常駐している病院に長期の入院を必要とするもの、退院後も安全及び生活面に綿密な配慮を必要とするもの、自宅や施設等で常時医療を受けることができる状態にあるものなどが考えられる。

　病弱で「継続して生活規制を必要とするもの」とは、安全及び生活面への配慮の必要度が高く、日常生活に著しい制限を受けるものの、医師の治療を継続して受ける必要はないものをいう。例えば、色素性乾皮症（XP）の子供が、紫外線に当たらないように留意しながら自宅で療養するなど、安全及び生活面への綿密な配慮と著しい生活規制のもとで生活をしているものなどが考えられる。

　病弱教育の対象となる病気の種類は多様であり、全ての病気を記載することはできない。そのため、政令では代表的な病気を列挙しており、記載していない病気については、「その他の疾患」として示されている。この「その他の疾患」には多くの疾患が含まれている。例えば糖尿病等の内分泌疾患、再生不良性貧血、重症のアトピー性皮膚炎等のアレルギー疾患、心身症、うつ病や適応障害等の精神疾患、高次脳機能障害などがある。近年は、自閉症や注意欠陥多動性障害と診断されていた子供が、うつ病や適応障害等の診断を受けて、年度途中に特別支援学校（病弱）転入してくることが増えており、その中には不登校の経験や、いじめ、虐待を受けた経験のある子供が多い。

　このように、身体の病気や心の病気を含め対象となる病気の種類は多いが、特別支援学校（病弱）に就学するには、疾患名だけでなく、病気や障害の程度が第一号及び第二号に示されている程度のものであることに留意する必要がある。（中略）

② 　第二号

　第二号の身体虚弱も、第一号と同様の理由で、平成14年に「六月以上」を「継続して」と改正している。

　身体虚弱で「継続して生活規制を必要とするもの」とは、病弱ではないものの、安全面や生活面について配慮する必要性が高く、日常生活上において著しい制限を必要とするものをいう。例えば、健康状態が悪くなりやすく、安全面や生活面への細かな配慮が求められ、定期的な往診又は通院を必要としているもの、医師の指導により著しい生活の制限のもとに生活をしているものなどが考えられる。

（2） 　病弱・身体虚弱特別支援学級

一　慢性の呼吸器疾患その他疾患の状態が持続的又は間欠的に医療又は生活の管理を必要とする程度のもの

二　身体虚弱の状態が持続的に生活の管理を必要とする程度のもの

　　　　　　　　　　　　　　　（平成25年10月4日付け25文科初第756号初等中等教育局長通知）

　病弱・身体虚弱特別支援学級には、入院中の子供のため病院内に設けられた学級（多くは、病院の近隣にある小中学校を本校とする）と、入院は必要としないが病弱又は身体虚弱のため特別な配慮や支援が必要な子供のために小中学校内に設けられた学級の二種類がある。このように、病弱・身体虚弱特別支援学級も特別支援学校（病弱）と同様に、入院中の子供だけを対象としているわけではない。（中略）

　第一号にある「疾患の状態が持続的又は間欠的に医療又は生活の管理が必要」とは、病気の

ため医師の診断を受け、持続的又は間欠的に医療又は生活の管理が必要な場合のことである。病弱・身体虚弱特別支援学級の対象者としては、特別支援学校（病弱）の対象となる障害の程度の子供も含まれるが、健康面や生活面への配慮の必要度が低い子供も含まれる。例えば、喘息（ぜんそく）の子供が自宅から小中学校へ通学できるものの、疲労度や教室環境、体育の運動量、理科の実験、家庭科の調理実習などにより、個別に特別な配慮を必要としている場合などが考えられる。

第二号にある「身体虚弱の状態が持続的に生活の管理が必要」とは、病弱と同様に、特別支援学校（病弱）の対象となる程度の身体虚弱の状態も含むが、それ以外にも安全面及び生活面への特別な配慮の必要度が比較的低く、日常生活での著しい制限がないものも含まれる。例えば、身体虚弱の子供が、自宅から小中学校へ通学しているが、体力が十分でないため、健康な子供と同じ時間の授業を受けることが困難である場合や、体育の授業等で激しい運動を必要とする場合に、安全面や健康面に配慮しながら、小・中学内の特別支援学級で学校生活の基盤を培っていくことなどがある。

① 病院内に設けられている病弱・身体虚弱特別支援学級

入院中の子供のために、病院の近隣にある小中学校の病弱・身体虚弱特別支援学級が病院内に設けられていることがある。対象となるのは入院中の子供である。

病弱者を対象とする病院内に設置された学級としては、病院内の特別支援学級以外にも、特別支援学校（病弱）の分校や分教室などがあり、入院した子供や保護者などから見ると、このような病院内の学級では、同じような取組が行われているため違いが分からないことがある。

入院した病院により、特別支援学級が教育を行っている所と特別支援学校（病弱）の分校・分教室などが行っている所がある。それぞれの学級で教育を受けるためには、前者の場合は病弱・身体虚弱特別支援学級を設置している小中学校への転校が必要であり、後者の場合は特別支援学校（病弱）への転校が必要である。（中略）

② 小中学校の校舎内に設けられている病弱・身体虚弱特別支援学級

小中学校内に設けられた病弱・身体虚弱特別支援学級には、特別支援学校（病弱）と同じ障害の程度の子供も在籍しているが、多くの場合は入院を必要としないが、持続的又は間欠的に医療や生活の管理が必要な子供である。通常の学級で健康な子供と一緒の生活をすると、健康状態を保（たも）てなかったり病状が悪化したりする恐れがあるため、病状に十分に配慮した指導を受けることが望ましい子供である。

特別支援学級では通常の学級とほぼ同様の授業内容、授業時数による指導が行われており、それに加え、自立活動として健康状態の維持、回復・改善や体力の回復・向上を図るための指導も行われている。

なお、特別支援学級の子供は、生活の管理等のため、通常の学級にいる健康な子供と常時一緒に活動することは難しいが、多くの友達と関わる機会をもつことは大切なことであるので、病気の状態等を考慮しながら、可能な範囲で通常の学級の子供と、直接的又は間接的に活動を共にする機会（交流及び共同学習）を積極的に設けることが重要である。

（3）通級による指導（病弱・身体虚弱）

病弱又は身体虚弱の程度が、通常の学級での学習におおむね参加でき、一部特別な指導を必要とする程度のもの

（平成25年10月4日付け25文科初第756号初等中等教育局長通知）

病気の子供の多くは、小中学校の通常の学級に在籍している。通常の学級に在籍する病気の子供は、学校生活上では、ほとんど配慮等を必要としない。又は、体育の実技や理科の観察・実験等の際に健康面や安全面に配慮することにより、多くの場合、他の健康な子供と一緒に学習することができる。しかし、これらの子供の中には、通常の学級で学習するだけでは、病気の実態等に応じた学習ができないことがある。そのため、病弱児も、必要な場合には通級によ

る指導を受けることもできるようになっている。

　病弱児のうち、通級による指導を受けることが適当なものとしては、例えば、病気が回復し、通常の学級において留意して指導することが適切である病弱児の内、健康状態の回復・改善や体力の向上、心理的な課題への対応や学習空白への対応などのための特別な指導が必要なものが考えられる。具体的には、気管支喘息（ぜんそく）の子供の腹式呼吸法の練習や１型糖尿病の子供の運動量と血糖値の測定などを身に付ける場合などの一定期間の場合が考えられる。

　また、特別支援学校（病弱）や病弱・身体虚弱特別支援学級で学習するためには、それぞれの学校への転校が必要であるが、極めて短期間の入院であるため転校が困難である場合に、通級による指導が行われることもある。さらに、前籍校に戻った病弱児が、定期的に通院するときに、病院に隣接する特別支援学校（病弱）で指導を受けることもある。

（４）通常の学級における指導

　病気の子供の多くは、小中学校等の通常の学級で、健康面や安全面等に留意しながら学習していることが多い。また、継続的な治療や特別な配慮・支援が必要であっても、病気の状態や学習環境の整備状況等によっては、通常の学級で留意して指導することが適当な場合もある。この場合の留意事項としては、教室の座席配置、休憩時間の取り方、体育等の実技における配慮等の指導上の工夫や、体調や服薬の自己管理を徹底する等がある。

　近年は、医療の進歩とともに、例えば糖尿病における血糖値測定や自己注射、心臓疾患における酸素の使用などができれば、通常の学級での学習が可能となる子供が増えており、このような子供が、通常の学級で学習するに当たっては、本人がこれらの測定やその数値を踏まえた対応ができるようになる、又は酸素ボンベ等の医療機器を本人が操作ができるようになることが大切である。

　病弱児の就学先の決定に当たっては、学校教育法施行令第２２条の３で示されている障害の程度の子供であっても、病気の状態を把握し、本人・保護者の意見や専門家の意見を聞いた上で、地域や学校の状況、学習を支援する支援機器等の整備状況や障害に配慮した施設等の整備状況、専門性の高い教職員の配置状況等を十分に考慮し、市町村教育委員会が総合的に判断することになる。

　この第２２条の３に示されている障害の程度、すなわち、「疾患の状態が継続して医療又は生活規制を必要とする程度」に該当するものについては、入院中の子供だけに限定しているわけではない。しかし、多くの場合、病院等に入院又は通院するなど、継続して医療又は生活規制を必要とする程度のものであることから、基本的には適切な医療面での治療や配慮を必要とする。

　しかしながら、例えば色素性乾皮症（ＸＰ）の子供の場合には、通学する小中学校の窓ガラスに紫外線カットフィルムを貼ったり、紫外線カット蛍光管を用いたり、外出の際には紫外線が当たらないような工夫をすることにより、小中学校においても適切な教育を行うことができる場合がある。

　こうした病弱児が必要とする施設設備についても、病気の種類によって異なることから、一人一人の実態を踏まえて計画的に対応することが大切である。

3　病弱・身体虚弱の子供の教育における合理的配慮の観点

　病弱児の指導に当たっては、どのような場で教育をするにしても、次のような観点の配慮を検討する必要がある。（中略）

①　教育内容・方法

　①－１　教育方法

　①－１－１　学習上又は生活上の困難を改善・克服するための配慮

　服薬管理や環境調整、病状に応じた対応等ができるよう指導を行う。（服薬の意味と定期

的な服薬の必要性の理解、指示された服薬量の徹底、眠気を伴い危険性が生じるなどの薬の理解とその対応、必要に応じた休憩などの病状に応じた対策等)

①－1－2　学習内容の変更・調整

　病気により実施が困難な学習内容等について、主治医からの指導・助言や学校生活管理指導表に基づいた変更・調整を行う。(習熟度に応じた教材の準備、実技を実施可能なものに変更、入院等による学習空白を考慮した学習内容に変更・調整、アレルギー等のために使用できない材料を別の材料に変更等)

①－2　教育方法

①－2－1　情報・コミュニケーション及び教材の配慮

　病気のため移動範囲や活動量が制限されている場合に、ICT等を活用し、間接的な体験や他の人とのコミュニケーションの機会を提供する。(友達との手紙やメールの交換、テレビ会議システム等を活用したリアルタイムのコミュニケーション、インターネット等を活用した疑似体験等)

①－2－2　学習機会や体験の確保

　入院時の教育の機会や短期間で入退院を繰り返す子供の教育の機会を確保する。その際、体験的な活動を通して概念形成を図るなど、入院による日常生活や集団活動等の体験不足を補うことができるように指導する。(視聴覚教材等の活用、ビニール手袋を着用して物に直接触れるなど感染症対策を考慮した指導、テレビ会議システム等を活用した遠隔地の友達と協働した取組等)

①－2－3　心理面・健康面の配慮

　入院や手術、病気の進行への不安等を理解し、心理状態に応じて弾力的に指導を行う。(治療過程での学習可能な時期を把握し健康状態に応じた指導、アレルギーの原因となる物質の除去や病状に応じた適切な運動等について医療機関と連携した指導等)

② **支援体制**

②－1　専門性のある指導体制の整備

　学校生活を送る上で、病気のために必要な生活規制や必要な支援を明確にするとともに、急な病状の変化に対応できるように校内体制を整備する。(主治医や保護者からの情報に基づく適切な支援、日々の体調把握のための保護者との連携、緊急の対応が予想される場合の全教職員による支援体制の構築) また、医療的ケアが必要な場合には看護師等、医療関係者との連携を図る。

②－2　子供、教職員、保護者、地域の理解啓発を図るための配慮

　病状によっては特別な支援を必要とするという理解を広め、病状が急変した場合に緊急な対応ができるよう、子供、教職員、保護者の理解啓発に努める。(ペースメーカー使用者の運動制限など外部から分かりにくい病気とその病状を維持・改善するために必要な支援に関する理解、心身症や精神疾患等の特性についての理解、心臓発作やてんかん発作等への対応についての理解等)

②－3　災害時等の支援体制の整備

　医療機関への搬送や必要とする医療機関からの支援を受けることができるようにするなど、子供の病気に応じた支援体制を整備する。(病院へ搬送した場合の対応方法、救急隊員等への事前の連絡、急いで避難することが困難な子供(心臓病等)が逃げ遅れないための支援等)

③　**施設・設備**

③－1　校内環境のバリアフリー化

　心臓病等のため階段を使用しての移動が困難な場合や子供が自ら医療上の処置(二分脊椎症等の自己導尿等)を必要とする場合等に対応できる施設・設備を整備する。

③－2　発達、障害の状態及び特性等に応じた指導ができる施設・設備の配慮

病気の状態に応じて、健康状態や衛生状態の維持、心理的な安定等を考慮した施設・設備を整備する。（色素性乾皮症の場合の紫外練カットフィルム、相談や箱庭等の心理療法を活用できる施設、落ち着けないときや精神状態が不安定なときの子供が落ち着ける空間の確保等）

③－3　災害時等への対応に必要な施設・設備の配慮

　災害等発生時については病気のため迅速に避難できない子供の避難経路を確保する、災害等発生後については薬や非常用電源を確保するとともに、長期間の停電に備え手動で使える機器等を整備する。

（以下、略）

| 2 |　教育関連法規

日本国憲法（抄）

第26条　すべて国民は、法律の定めるところにより、その能力に応じて、ひとしく教育を受ける権利を有する。

　　②　すべて国民は、法律の定めるところにより、その保護する子女に普通教育を受けさせる義務を負ふ。義務教育は、これを無償とする。

教育基本法（抄）

（教育の目的）

第1条　教育は、人格の完成を目指し、平和で民主的な国家及び社会の形成者として必要な資質を備えた心身ともに健康な国民の育成を期して行われなければならない。

（教育の目標）

第2条　教育は、その目的を実現するため、学問の自由を尊重しつつ、次に掲げる目標を達成するよう行われるものとする。

　一　幅広い知識と教養を身に付け、真理を求める態度を養い、豊かな情操と道徳心を培うとともに、健やかな身体を養うこと。

　二　個人の価値を尊重して、その能力を伸ばし、創造性を培い、自主及び自律の精神を養うとともに、職業及び生活との関連を重視し、勤労を重んずる態度を養うこと。

　三　正義と責任、男女の平等、自他の敬愛と協力を重んずるとともに、公共の精神に基づき、主体的に社会の形成に参画し、その発展に寄与する態度を養うこと。

　四　生命を尊び、自然を大切にし、環境の保全に寄与する態度を養うこと。

　五　伝統と文化を尊重し、それらをはぐくんできた我が国と郷土を愛するとともに、他国を尊重し、国際社会の平和と発展に寄与する態度を養うこと。

（教育の機会均等）

第4条　すべて国民は、ひとしく、その能力に応じた教育を受ける機会を与えられなければならず、人種、信条、性別、社会的身分、経済的地位又は門地によって、教育上差別されない。

　2　国及び地方公共団体は、障害のある者が、その障害の状態に応じ、十分な教育を受けられるよう、教育上必要な支援を講じなければならない。

　3　国及び地方公共団体は、能力があるにもかかわらず、経済的理由によって修学が困難な者に対して、奨学の措置を講じなければならない。

（義務教育）

第5条　国民は、その保護する子に、別に法律で定めるところにより、普通教育を受けさせる義務を負う。

　2　義務教育として行われる普通教育は、各個人の有する能力を伸ばしつつ社会において自立的に生きる基礎を培い、また、国家及び社会の形成者として必要とされる基本的な資質を養うことを目的として行われるものとする。

　3　国及び地方公共団体は、義務教育の機会を保障し、その水準を確保するため、適切な役割分担及び相互の協力の下、その実施に責任を負う。

　4　国又は地方公共団体の設置する学校における義務教育については、授業料を徴収しない。

（学校教育）

第6条　法律に定める学校は、公の性質を有するものであって、国、地方公共団体及び法律に

定める法人のみが、これを設置することができる。

 2 前項の学校においては、教育の目標が達成されるよう、教育を受ける者の心身の発達に応じて、体系的な教育が組織的に行われなければならない。この場合において、教育を受ける者が、学校生活を営む上で必要な規律を重んずるとともに、自ら進んで学習に取り組む意欲を高めることを重視して行われなければならない。

（教員）
第9条 法律に定める学校の教員は、自己の崇高な使命を深く自覚し、絶えず研究と修養に励み、その職責の遂行に努めなければならない。

 2 前項の教員については、その使命と職責の重要性にかんがみ、その身分は尊重され、待遇の適正が期せられるとともに、養成と研修の充実が図られなければならない。

（学校、家庭及び地域住民等の相互の連携協力）
第13条 学校、家庭及び地域住民その他の関係者は、教育におけるそれぞれの役割と責任を自覚するとともに、相互の連携及び協力に努めるものとする。

学校教育法（抄）

第1条 この法律で、学校とは、幼稚園、小学校、中学校、義務教育学校、高等学校、中等教育学校、特別支援学校、大学及び高等専門学校とする。

第72条 特別支援学校は、視覚障害者、聴覚障害者、知的障害者、肢体不自由者又は病弱者（身体虚弱者を含む。以下同じ。）に対して、幼稚園、小学校、中学校又は高等学校に準ずる教育を施すとともに、障害による学習上又は生活上の困難を克服し自立を図るために必要な知識技能を授けることを目的とする。

第73条 特別支援学校においては、文部科学大臣の定めるところにより、前条に規定する者に対する教育のうち当該学校が行うものを明らかにするものとする。

第74条 特別支援学校においては、第72条に規定する目的を実現するための教育を行うほか、幼稚園、小学校、中学校、義務教育学校、高等学校又は中等教育学校の要請に応じて、第81条第1項に規定する幼児、児童又は生徒の教育に関し必要な助言又は援助を行うよう努めるものとする。

第75条 第72条に規定する視覚障害者、聴覚障害者、知的障害者、肢体不自由者又は病弱者の障害の程度は、政令で定める。

第76条 特別支援学校には、小学部及び中学部を置かなければならない。ただし、特別の必要のある場合においては、そのいずれかのみを置くことができる。

 ② 特別支援学校には、小学部及び中学部のほか、幼稚部又は高等部を置くことができ、また、特別の必要のある場合においては、前項の規定にかかわらず、小学部及び中学部を置かないで幼稚部又は高等部のみを置くことができる。

第77条 特別支援学校の幼稚部の教育課程その他の保育内容、小学部及び中学部の教育課程又は高等部の学科及び教育課程に関する事項は、幼稚園、小学校、中学校又は高等学校に準じて、文部科学大臣が定める。

第80条 都道府県は、その区域内にある学齢児童及び学齢生徒のうち、視覚障害者、聴覚障害者、知的障害者、肢体不自由者又は病弱者で、その障害が第75条の政令で定める程度のものを就学させるに必要な特別支援学校を設置しなければならない。

第81条 幼稚園、小学校、中学校、義務教育学校、高等学校及び中等教育学校においては、次項各号のいずれかに該当する幼児、児童及び生徒その他教育上特別の支援を必要とする幼児、児童及び生徒に対し、文部科学大臣の定めるところにより、障害による学習上又は生活上の困難を克服するための教育を行うものとする。

② 小学校、中学校、義務教育学校、高等学校及び中等教育学校には、次の各号のいずれかに該当する児童及び生徒のために、特別支援学級を置くことができる。

一　知的障害者

二　肢体不自由者

三　身体虚弱者

四　弱視者

五　難聴者

六　その他障害のある者で、特別支援学級において教育を行うことが適当なもの

③ 前項に規定する学校においては、疾病により療養中の児童及び生徒に対して、特別支援学級を設け、又は教員を派遣して、教育を行うことができる。

学校教育法施行令（抄）

（学齢簿の編製）

第1条　市（特別区を含む。以下同じ。）町村の教育委員会は、当該市町村の区域内に住所を有する学齢児童及び学齢生徒（それぞれ学校教育法（以下「法」という。）第18条に規定する学齢児童及び学齢生徒をいう。以下同じ。）について、学齢簿を編製しなければならない。

　2　前項の規定による学齢簿の編製は、当該市町村の住民基本台帳に基づいて行なうものとする。

　3　市町村の教育委員会は、文部科学省令で定めるところにより、第一項の学齢簿を磁気ディスク（これに準ずる方法により一定の事項を確実に記録しておくことができる物を含む。以下同じ。）をもつて調製することができる。

　4　第一項の学齢簿に記載（前項の規定により磁気ディスクをもつて調製する学齢簿にあつては、記録。以下同じ。）をすべき事項は、文部科学省令で定める。

（入学期日等の通知、学校の指定）

第5条　市町村の教育委員会は、就学予定者（法第17条第1項又は第2項の規定により、翌学年の初めから小学校、中学校、義務教育学校、中等教育学校又は特別支援学校に就学させるべき者をいう。以下同じ。）のうち、認定特別支援学校就学者（視覚障害者、聴覚障害者、知的障害者、肢体不自由者又は病弱者（身体虚弱者を含む。）で、その障害が、第22条の3の表に規定する程度のもの（以下「視覚障害者等」という。）のうち、当該市町村の教育委員会が、その者の障害の状態、その者の教育上必要な支援の内容、地域における教育の体制の整備の状況その他の事情を勘案して、その住所の存する都道府県の設置する特別支援学校に就学させることが適当であると認める者をいう。以下同じ。）以外の者について、その保護者に対し、翌学年の初めから二月前までに、小学校、中学校又は義務教育学校の入学期日を通知しなければならない。

　2　市町村の教育委員会は、当該市町村の設置する小学校及び義務教育学校の数の合計数が二以上である場合又は当該市町村の設置する中学校（法第71条の規定により高等学校における教育と一貫した教育を施すもの（以下「併設型中学校」という。）を除く。以下この項、次条第七号、第6条の3第1項、第7条及び第8条において同じ。）及び義務教育学校の数の合計数が二以上である場合においては、前項の通知において当該就学予定者の就学すべき小学校、中学校又は義務教育学校を指定しなければならない。

　3　前2項の規定は、第9条第1項又は第17条の届出のあつた就学予定者については、適用しない。

第6条の2　特別支援学校に在学する学齢児童又は学齢生徒で視覚障害者等でなくなつたもの

があるときは、当該学齢児童又は学齢生徒の在学する特別支援学校の校長は、速やかに、当該学齢児童又は学齢生徒の住所の存する都道府県の教育委員会に対し、その旨を通知しなければならない。

第6条の3　特別支援学校に在学する学齢児童又は学齢生徒でその障害の状態、その者の教育上必要な支援の内容、地域における教育の体制の整備の状況その他の事情の変化により当該学齢児童又は学齢生徒の住所の存する市町村の設置する小学校、中学校又は義務教育学校に就学することが適当であると思料するもの（視覚障害者等でなくなつた者を除く。）があるときは、当該学齢児童又は学齢生徒の在学する特別支援学校の校長は、速やかに、当該学齢児童又は学齢生徒の住所の存する都道府県の教育委員会に対し、その旨を通知しなければならない。

（特別支援学校への就学についての通知）

第11条　市町村の教育委員会は、第二条に規定する者のうち認定特別支援学校就学者について、都道府県の教育委員会に対し、翌学年の初めから三月前までに、その氏名及び特別支援学校に就学させるべき旨を通知しなければならない。

　2　市町村の教育委員会は、前項の通知をするときは、都道府県の教育委員会に対し、同項の通知に係る者の学齢簿の謄本（第一条第三項の規定により磁気ディスクをもつて学齢簿を調製している市町村の教育委員会にあつては、その者の学齢簿に記録されている事項を記載した書類）を送付しなければならない。

　3　前2項の規定は、第9条第1項又は第17条の届出のあつた者については、適用しない。

第12条　小学校、中学校、義務教育学校又は中等教育学校に在学する学齢児童又は学齢生徒で視覚障害者等になつたものがあるときは、当該学齢児童又は学齢生徒の在学する小学校、中学校、義務教育学校又は中等教育学校の校長は、速やかに、当該学齢児童又は学齢生徒の住所の存する市町村の教育委員会に対し、その旨を通知しなければならない。

　2　第11条の規定は、前項の通知を受けた学齢児童又は学齢生徒のうち認定特別支援学校就学者の認定をした者について準用する。この場合において、同条第1項中「翌学年の初めから三月前までに」とあるのは、「速やかに」と読み替えるものとする。

　3　第1項の規定による通知を受けた市町村の教育委員会は、同項の通知を受けた学齢児童又は学齢生徒について現に在学する小学校、中学校、義務教育学校又は中等教育学校に引き続き就学させることが適当であると認めたときは、同項の校長に対し、その旨を通知しなければならない。

第12条の2　学齢児童及び学齢生徒のうち視覚障害者等で小学校、中学校、義務教育学校又は中等教育学校に在学するもののうち、その障害の状態、その者の教育上必要な支援の内容、地域における教育の体制の整備の状況その他の事情の変化によりこれらの小学校、中学校、義務教育学校又は中等教育学校に就学させることが適当でなくなつたと思料するものがあるときは、当該学齢児童又は学齢生徒の在学する小学校、中学校、義務教育学校又は中等教育学校の校長は、当該学齢児童又は学齢生徒の住所の存する市町村の教育委員会に対し、速やかに、その旨を通知しなければならない。

第22条の3　法第75条の政令で定める視覚障害者、聴覚障害者、知的障害者、肢体不自由者又は病弱者の障害の程度は、次の表に掲げるとおりとする。

区分	障害の程度
視覚障害者	両眼の視力がおおむね〇・三未満のもの又は視力以外の視機能障害が高度のもののうち、拡大鏡等の使用によつても通常の文字、図形等の視覚による認識が不可能又は著しく困難な程度のもの
聴覚障害者	両耳の聴力レベルがおおむね六〇デシベル以上のもののうち、補聴器等の使用によつても通常の話声を解することが不可能又は著しく困難な程度のもの
知的障害者	一　知的発達の遅滞があり、他人との意思疎通が困難で日常生活を営むのに頻繁に援助を必要とする程度のもの 二　知的発達の遅滞の程度が前号に掲げる程度に達しないもののうち、社会生活への適応が著しく困難なもの
肢体不自由者	一　肢体不自由の状態が補装具の使用によつても歩行、筆記等日常生活における基本的な動作が不可能又は困難な程度のもの 二　肢体不自由の状態が前号に掲げる程度に達しないもののうち、常時の医学的観察指導を必要とする程度のもの
病弱者	一　慢性の呼吸器疾患、腎臓疾患及び神経疾患、悪性新生物その他の疾患の状態が継続して医療又は生活規制を必要とする程度のもの 二　身体虚弱の状態が継続して生活規制を必要とする程度のもの

備考
一　視力の測定は、万国式試視力表によるものとし、屈折異常があるものについては、矯正視力によつて測定する。
二　聴力の測定は、日本工業規格によるオージオメータによる。

学校教育法施行規則（抄）

第126条　特別支援学校の小学部の教育課程は、国語、社会、算数、理科、生活、音楽、図画工作、家庭及び体育の各教科、道徳、外国語活動、総合的な学習の時間、特別活動並びに自立活動によつて編成するものとする。

　　2　前項の規定にかかわらず、知的障害者である児童を教育する場合は、生活、国語、算数、音楽、図画工作及び体育の各教科、道徳、特別活動並びに自立活動によつて教育課程を編成するものとする。

第127条　特別支援学校の中学部の教育課程は、国語、社会、数学、理科、音楽、美術、保健体育、技術・家庭及び外国語の各教科、道徳、総合的な学習の時間、特別活動並びに自立活動によつて編成するものとする。

　　2　前項の規定にかかわらず、知的障害者である生徒を教育する場合は、国語、社会、数学、理科、音楽、美術、保健体育及び職業・家庭の各教科、道徳、総合的な学習の時間、特別活動並びに自立活動によつて教育課程を編成するものとする。ただし、必要がある場合には、外国語科を加えて教育課程を編成することができる。

第128条　特別支援学校の高等部の教育課程は、別表第三及び別表第五に定める各教科に属する科目、総合的な学習の時間、特別活動並びに自立活動によつて編成するものとする。

　　2　前項の規定にかかわらず、知的障害者である生徒を教育する場合は、国語、社会、数学、理科、音楽、美術、保健体育、職業、家庭、外国語、情報、家政、農業、工業、流通・サービス及び福祉の各教科、第129条に規定する特別支援学校高等部学習指導要領で定めるこれら以外の教科、道徳、総合的な学習の時間、特別活動並びに自立活動によつて教育課程を編成するものとする。

第129条　特別支援学校の幼稚部の教育課程その他の保育内容並びに小学部、中学部及び高等部の教育課程については、この章に定めるもののほか、教育課程その他の保育内容又は教育課程の基準として文部科学大臣が別に公示する特別支援学校幼稚部教育要領、特別支援学校小学部・中学部学習指導要領及び特別支援学校高等部学習指導要領によるものとする。

第130条　特別支援学校の小学部、中学部又は高等部においては、特に必要がある場合は、第

126条から第128条までに規定する各教科（次項において「各教科」という。）又は別表第三及び別表第五に定める各教科に属する科目の全部又は一部について、合わせて授業を行うことができる。

 2 特別支援学校の小学部、中学部又は高等部においては、知的障害者である児童若しくは生徒又は複数の種類の障害を併せ有する児童若しくは生徒を教育する場合において特に必要があるときは、各教科、道徳、外国語活動、特別活動及び自立活動の全部又は一部について、合わせて授業を行うことができる。

第131条 特別支援学校の小学部、中学部又は高等部において、複数の種類の障害を併せ有する児童若しくは生徒を教育する場合又は教員を派遣して教育を行う場合において、特に必要があるときは、第126条から第129条までの規定にかかわらず、特別の教育課程によることができる。

第138条 小学校、中学校若しくは義務教育学校又は中等教育学校の前期課程における特別支援学級に係る教育課程については、特に必要がある場合は、第50条第1項（第79条の6第1項において準用する場合を含む。）、第51条、第52条（第79条の6第1項において準用する場合を含む。）、第52条の3、第72条（第79条の6第2項及び第108条第1項において準用する場合を含む。）、第73条、第74条（第79条の6第2項及び第108条第1項において準用する場合を含む。）、第74条の3、第76条、第79条の5（第79条の12において準用する場合を含む。）及び第107条（第117条において準用する場合を含む。）の規定にかかわらず、特別の教育課程によることができる。

第140条 小学校、中学校若しくは義務教育学校又は中等教育学校の前期課程において、次の各号のいずれかに該当する児童又は生徒（特別支援学級の児童及び生徒を除く。）のうち当該障害に応じた特別の指導を行う必要があるものを教育する場合には、文部科学大臣が別に定めるところにより、第50条第1項（第79条の6第1項において準用する場合を含む。）、第51条、第52条（第79条の6第1項において準用する場合を含む。）、第52条の3、第72条（第79条の6第2項及び第108条第1項において準用する場合を含む。）、第73条、第74条（第79条の6第2項及び第108条第1項において準用する場合を含む。）、第74条の3、第76条、第79条の5（第79条の12において準用する場合を含む。）及び第107条（第117条において準用する場合を含む。）の規定にかかわらず、特別の教育課程によることができる。

 一 言語障害者
 二 自閉症者
 三 情緒障害者
 四 弱視者
 五 難聴者
 六 学習障害者
 七 注意欠陥多動性障害者
 八 その他障害のある者で、この条の規定により特別の教育課程による教育を行うことが適当なもの

第141条 前条の規定により特別の教育課程による場合においては、校長は、児童又は生徒が、当該小学校、中学校、義務教育学校又は中等教育学校の設置者の定めるところにより他の小学校、中学校、義務教育学校、中等教育学校の前期課程又は特別支援学校の小学部若しくは中学部において受けた授業を、当該小学校、中学校若しくは義務教育学校又は中等教育学校の前期課程において受けた当該特別の教育課程に係る授業とみなすことができる。

| 3 | 特別支援教育関連通知

特別支援教育の推進について（通知）（抄）

(19文科初第125号　平成19年4月1日)

　文部科学省では、障害のある全ての幼児児童生徒の教育の一層の充実を図るため、学校における特別支援教育を推進しています。

　本通知は、本日付けをもって、特別支援教育が法的に位置付けられた改正学校教育法が施行されるに当たり、幼稚園、小学校、中学校、高等学校、中等教育学校及び特別支援学校（以下「各学校」という。）において行う特別支援教育について、下記により基本的な考え方、留意事項等をまとめて示すものです。

　都道府県・指定都市教育委員会にあっては、所管の学校及び域内の市区町村教育委員会に対して、都道府県知事にあっては、所轄の学校及び学校法人に対して、国立大学法人にあっては、附属学校に対して、この通知の内容について周知を図るとともに、各学校において特別支援教育の一層の推進がなされるようご指導願います。

　なお、本通知については、連携先の諸部局・機関への周知にもご配慮願います。

1．特別支援教育の理念

　特別支援教育は、障害のある幼児児童生徒の自立や社会参加に向けた主体的な取組を支援するという視点に立ち、幼児児童生徒一人一人の教育的ニーズを把握し、その持てる力を高め、生活や学習上の困難を改善又は克服するため、適切な指導及び必要な支援を行うものである。

　また、特別支援教育は、これまでの特殊教育の対象の障害だけでなく、知的な遅れのない発達障害も含めて、特別な支援を必要とする幼児児童生徒が在籍する全ての学校において実施されるものである。

　さらに、特別支援教育は、障害のある幼児児童生徒への教育にとどまらず、障害の有無やその他の個々の違いを認識しつつ様々な人々が生き生きと活躍できる共生社会の形成の基礎となるものであり、我が国の現在及び将来の社会にとって重要な意味を持っている。

3．特別支援教育を行うための体制の整備及び必要な取組

　特別支援教育を実施するため、各学校において次の体制の整備及び取組を行う必要がある。

（3）特別支援教育コーディネーターの指名

　各学校の校長は、特別支援教育のコーディネーター的な役割を担う教員を「特別支援教育コーディネーター」に指名し、校務分掌に明確に位置付けること。

　特別支援教育コーディネーターは、各学校における特別支援教育の推進のため、主に、校内委員会・校内研修の企画・運営、関係諸機関・学校との連絡・調整、保護者からの相談窓口などの役割を担うこと。

　また、校長は、特別支援教育コーディネーターが、学校において組織的に機能するよう努めること。

4．特別支援学校における取組

（2）地域における特別支援教育のセンター的機能

　特別支援学校においては、これまで蓄積してきた専門的な知識や技能を生かし、地域における特別支援教育のセンターとしての機能の充実を図ること。

　特に、幼稚園、小学校、中学校、高等学校及び中等教育学校の要請に応じて、発達障害を含む障害のある幼児児童生徒のための個別の指導計画の作成や個別の教育支援計画の策定などへ

の援助を含め、その支援に努めること。

　また、これらの機関のみならず、保育所をはじめとする保育施設などの他の機関等に対しても、同様に助言又は援助に努めることとされたいこと。

　特別支援学校において指名された特別支援教育コーディネーターは、関係機関や保護者、地域の幼稚園、小学校、中学校、高等学校、中等教育学校及び他の特別支援学校並びに保育所等との連絡調整を行うこと。

病気療養児に対する教育の充実について（通知）

（24 初特支第 20 号　平成 25 年 3 月 4 日）

　近年、医療の進歩等による入院期間の短期化や、短期間で入退院を繰り返す者、退院後も引き続き治療や生活規制が必要なために小・中学校等への通学が困難な者への対応など、病弱・身体虚弱の幼児児童生徒で病院等に入院又は通院して治療を受けている者（以下「病気療養児」という。）を取り巻く環境は、大きく変化しています。

　また、このたび、政府の第二期がん対策推進基本計画（平成 24 年 6 月）等に基づき、厚生労働省において、全国 15 か所の「小児がん拠点病院」の指定が別添のとおり行われました。現在、診療機能の充実及びより良い診療体制の整備のため、このような専門医療の集約化、ネットワーク化が進められつつあります。

　ついては、今後の病気療養児への指導等の在り方について、「病気療養児の教育について（平成 6 年 12 月 21 日付文初特第 294 号）」（以下「病気療養児の教育についての通知」という。）により提示した取組の徹底を図るとともに、特に留意いただきたい事項について下記のとおり整理しましたので、各都道府県教育委員会におかれては所管の学校及び域内の市町村教育委員会に対して、各指定都市教育委員会におかれては所管の学校に対して、各都道府県知事及び構造改革特別区域法第 12 条第 1 項の認定を受けた各地方公共団体の長におかれては所轄の学校及び学校法人等に対して、各国立大学長におかれては附属学校に対して、周知を図るようお願いします。

記

＜１＞小児がん拠点病院の指定に伴う対応

　小児がん拠点病院の指定により、市町村や都道府県を越えて小児がん拠点病院に入院する病気療養児の増加に伴い、転学及び区域外就学に係る手続の増加や短期間での頻繁な入退院の増加が予想されることなどを踏まえ、以下について適切に対応すること。

（1）　都道府県教育委員会、指定都市教育委員会、都道府県知事、構造改革特別区域法第 12 条第 1 項の認定を受けた各地方公共団体の長及び各国立大学法人学長（以下「教育委員会等」という。）は、病気療養児の転学及び区域外就学に係る手続について、病気療養児の教育についての通知で提示されているとおり、可能な限りその簡素化を図るとともに、それらの手続きが滞ることがないよう、域内の市町村教育委員会及び所轄の学校等に対して、必要な助言又は援助を行うこと。

（2）　教育委員会等は、病気療養児の教育についての通知で提示されている取組に加え、入院中の病気療養児の交流及び共同学習についても、その充実を図るとともに、域内の市町村教育委員会及び所轄の学校等に対して、必要な助言又は援助を行うこと。

（3）　教育委員会等は、後期中等教育を受ける病気療養児について、入退院に伴う編入学・転入学等の手続が円滑に行われるよう、事前に修得単位の取扱い、指導内容・方法及び所要の事務手続等について関係機関の間で共有を図り、適切に対応すること。

（4）　病弱者を対象とする特別支援学校は、幼稚園・小学校・中学校・高等学校又は中等教

育学校の要請に応じて、病気療養児への指導に係る助言又は援助に努めること。

＜2＞病院を退院後も通学が困難な病気療養児への対応

感染症への対策などの治療上必要な対応や継続的な通院を要するため、病院を退院後も学校への通学が困難な病気療養児に対し、以下について適切に対応すること。

（1）　通学が困難な病気療養児の在籍校及びその設置者は、当該病気療養児の病状や教育的ニーズを踏まえた指導が可能となるよう、病弱者を対象とする特別支援学校、小・中学校の病弱・身体虚弱特別支援学級、通級による指導などにより、当該病気療養児のための教育環境の整備を図ること。

（2）　通学が困難な病気療養児の在籍校及びその設置者は、当該病気療養児に対する指導に当たり、訪問教育やＩＣＴ等を活用した指導の実施などにより、効果的な指導方法の工夫を行うこと。

（3）　通学が困難な病気療養児の在籍校及びその設置者は、退院後にあっても当該病気療養児への教育への継続が図られるよう、保護者、医療機関、近隣の特別支援学校等との十分な連携体制を確保すること。

（4）　教育委員会等は、域内の市町村教育委員会及び所轄の学校等が行う上記（1）〜（3）の取組に対し、必要な助言又は援助を行うこと。

＜3＞その他

上記のほか、教育委員会等は、域内の市町村教育委員会及び所轄の学校等に対し、「病気の子どもの理解のために（全国特別支援学校病弱教育校長会及び独立行政法人国立特別支援教育総合研究所作成）」等の資料を周知するなど、病気療養児に対する教育についての理解啓発に努めること。

【別添】小児がん拠点病院指定一覧表（平成31年4月1日付け）

	都道府県名	医療機関名
1	北海道	北海道大学病院
2	宮城県	東北大学病院
3	埼玉県	埼玉県立小児医療センター
4	東京都	独立行政法人国立成育医療研究センター
5	東京都	東京都立小児総合医療センター
6	神奈川県	地方独立行政法人神奈川県立病院機構 神奈川県立こども医療センター
7	静岡県	静岡県立こども病院
8	愛知県	名古屋大学医学部附属病院
9	三重県	三重大学医学部附属病院
10	京都府	京都大学医学部附属病院
11	京都府	京都府立医科大学附属病院
12	大阪府	大阪市立総合医療センター
13	兵庫県	兵庫県立こども病院
14	広島県	広島大学病院
15	福岡県	九州大学病院

※小児がん拠点病院について

がん対策推進基本計画では、小児がん患者とその家族が安心して適切な医療や支援を受けられるような環境の整備を目指し、5年以内に、小児がん拠点病院を整備し、小児がんの中核的な機関の整備を開始することを目標とするとされています。

また、小児がん拠点病院においては、専門家による集学的医療の提供（緩和ケアを含む）、患者とその家族に対する心理社会的な支援、適切な療育・教育環境の提供、小児がんに携わる医師等に対する研修の実施、セカンドオピニオンの体制整備、患者とその家族、医療従事者に対する相談支援等の体制を整備するとされています。

学校教育法施行令の一部改正について（通知）（抄）

（25文科初第655号　平成25年9月1日）

第1　改正の趣旨

　今回の学校教育法施行令の改正は、平成24年7月に公表された中央教育審議会初等中等教育分科会報告「共生社会の形成に向けたインクルーシブ教育システム構築のための特別支援教育の推進」（以下「報告」という。）において、「就学基準に該当する障害のある子どもは特別支援学校に原則就学するという従来の就学先決定の仕組みを改め、障害の状態、本人の教育的ニーズ、本人・保護者の意見、教育学、医学、心理学等専門的見地からの意見、学校や地域の状況等を踏まえた総合的な観点から就学先を決定する仕組みとすることが適当である。」との提言がなされたこと等を踏まえ、所要の改正を行うものであること。

　なお、報告においては、「その際、市町村教育委員会が、本人・保護者に対し十分情報提供をしつつ、本人・保護者の意見を最大限尊重し、本人・保護者と市町村教育委員会、学校等が教育的ニーズと必要な支援について合意形成を行うことを原則とし、最終的には市町村教育委員会が決定することが適当である。」との指摘がなされており、この点は、改正令における基本的な前提として位置付けられるものであること。

第2　改正の内容

　視覚障害者等（視覚障害者、聴覚障害者、知的障害者、肢体不自由者又は病弱者（身体虚弱者を含む。）で、その障害が、学校教育法施行令第22条の3の表に規定する程度のものをいう。以下同じ。）の就学に関する手続について、以下の規定の整備を行うこと。

1　就学先を決定する仕組みの改正（第5条及び第11条関係）

　市町村の教育委員会は、就学予定者のうち、認定特別支援学校就学者（視覚障害者等のうち、当該市町村の教育委員会が、その者の障害の状態、その者の教育上必要な支援の内容、地域における教育の体制の整備の状況その他の事情を勘案して、その住所の存する都道府県の設置する特別支援学校に就学させることが適当であると認める者をいう。以下同じ。）以外の者について、その保護者に対し、翌学年の初めから2月前までに、小学校又は中学校の入学期日を通知しなければならないとすること。

　また、市町村の教育委員会は、就学予定者のうち認定特別支援学校就学者について、都道府県の教育委員会に対し、翌学年の初めから3月前までに、その氏名及び特別支援学校に就学させるべき旨を通知しなければならないとすること。

障害のある児童生徒等に対する早期からの一貫した支援について（通知）（抄）

（25文科初第756号　平成25年10月4日）

第1　障害のある児童生徒等の就学先の決定

2　特別支援学校への就学

（1）就学先の決定

　視覚障害者，聴覚障害者，知的障害者，肢体不自由者又は病弱者（身体虚弱者を含む。）で，その障害が，学校教育法施行令第22条の3に規定する程度のもののうち，市町村の教育委員会が，その者の障害の状態，その者の教育上必要な支援の内容，地域における教育の体制の整備の状況その他の事情を勘案して，特別支援学校に就学させることが適当であると認める者を対象として，適切な教育を行うこと。

（2）障害の判断に当たっての留意事項

　オ　病弱者（身体虚弱者を含む。）

第5章

資料

医師の精密な診断結果に基づき，疾患の種類，程度及び医療又は生活規制に要する期間等を考慮して判断を行うこと。

3 小学校，中学校又は中等教育学校の前期課程への就学

（1）特別支援学級

学校教育法第81条第2項の規定に基づき特別支援学級を置く場合には，以下の各号に掲げる障害の種類及び程度の児童生徒のうち，その者の障害の状態，その者の教育上必要な支援の内容，地域における教育の体制の整備の状況その他の事情を勘案して，特別支援学級において教育を受けることが適当であると認める者を対象として，適切な教育を行うこと。

障害の判断に当たっては，障害のある児童生徒の教育の経験のある教員等による観察・検査，専門医による診断等に基づき教育学，医学，心理学等の観点から総合的かつ慎重に行うこと。

1　障害の種類及び程度
　ウ　病弱者及び身体虚弱者
　　一　慢性の呼吸器疾患その他疾患の状態が持続的又は間欠的に医療又は生活の管理を必要とする程度のもの
　　二　身体虚弱の状態が持続的に生活の管理を必要とする程度のもの

（2）通級による指導

学校教育法施行規則第140条及び第141条の規定に基づき通級による指導を行う場合には，以下の各号に掲げる障害の種類及び程度の児童生徒のうち，その者の障害の状態，その者の教育上必要な支援の内容，地域における教育の体制の整備の状況その他の事情を勘案して，通級による指導を受けることが適当であると認める者を対象として，適切な教育を行うこと。

障害の判断に当たっては，障害のある児童生徒に対する教育の経験のある教員等による観察・検査，専門医による診断等に基づき教育学，医学，心理学等の観点から総合的かつ慎重に行うこと。その際，通級による指導の特質に鑑み，個々の児童生徒について，通常の学級での適応性，通級による指導に要する適正な時間等を十分考慮すること。

1　障害の種類及び程度
　ク　肢体不自由者，病弱者及び身体虚弱者
　　肢体不自由，病弱又は身体虚弱の程度が，通常の学級での学習におおむね参加でき，一部特別な指導を必要とする程度のもの

学校教育法施行規則の一部を改正する省令の施行について（通知）（抄）

（30文科初第756号　平成30年8月27日）

第1　改正の趣旨

「教育と福祉の一層の連携等の推進について」（平成30年5月24日付け30文科初第357号・障発0524第2号文部科学省初等中等教育局長及び厚生労働省社会・援護局障害保健福祉部長連名通知）をもってお知らせしたとおり、文部科学省と厚生労働省による「家庭と教育と福祉の連携「トライアングル」プロジェクト」において、障害のある子供やその保護者が地域で切れ目なく支援が受けられるよう、家庭と教育と福祉の一層の連携を推進する方策について検討を行い、本年3月に同プロジェクトとしての報告を取りまとめたところである。

当該報告では、連携推進方策の一つとして、学校において作成される個別の教育支援計画について、保護者や医療、福祉、保健、労働等の関係機関と連携して作成されるよう、必要な規定を省令に置くこととされた。

これを踏まえ、学校教育法施行規則（昭和22年文部省令第11号）を改正し、特別支援学校に在学する幼児児童生徒、小・中学校（義務教育学校及び中等教育学校の前期課程を含む。以下同じ。）の特別支援学級の児童生徒、小・中学校及び高等学校（中等教育学校の後期課程を含む。以下同じ。）において学校教育法施行規則第140条に基づき障害に応じた特別の指導で

ある通級による指導（以下単に「通級による指導」という。）が行われている児童生徒について、各学校が個別の教育支援計画を作成するに当たっては、当該児童生徒等又は保護者の意向を踏まえつつ、医療、福祉、保健、労働等の関係機関や民間団体（以下「関係機関等」という。）と当該児童生徒等の支援に関する必要な情報の共有を図ることとするものである。

第2　改正の概要

1　特別支援学校に在学する幼児児童生徒について、個別の教育支援計画（学校と関係機関等との連携の下に行う当該幼児児童生徒に対する長期的な支援に関する計画をいう。）を作成することとし、当該計画の作成に当たっては、当該幼児児童生徒又は保護者の意向を踏まえつつ、関係機関等と当該幼児児童生徒の支援に関する必要な情報の共有を図ることとすること。（新第134条の2関係）

2　1の規定について、小・中学校の特別支援学級の児童生徒、小・中学校及び高等学校において通級による指導が行われている児童生徒の準用すること。（新第139条の2、新第141条の2関係）

3　施行時点において、すでに学習指導要領等に基づき作成されている個別の教育支援計画については、新第134条の2、新第139条の2の規定により作成されたものとみなすこと。（附則第2項関係）

第3　留意事項

1　個別の教育支援計画に関する基本的な考え方

（1）個別の教育支援計画は、障害のある児童生徒等一人一人に必要とされる教育的ニーズを正確に把握し、長期的な視点で幼児期から学校卒業後までを通じて、一貫した的確な支援を行うことを目的に作成するものであること。

（2）個別の教育支援計画の作成を通して、児童生徒等に対する支援の目標を長期的な視点から設定することは、学校が教育課程の編成の基本的な方針を明らかにする際、全教職員が共通理解すべき重要な情報となるものであること。

（3）各学校において提供される教育的支援の内容については、教科等横断的な視点から、個々の児童生徒等の障害の状態や特性及び心身の発達の段階等に応じた指導内容や指導方法の工夫を検討する際の情報として、学習指導要領等に基づき作成される個別の指導計画に生かしていくことが重要であること。なお、個別の教育支援計画と個別の指導計画は、その目的や活用する方法に違いがあることに留意し、相互の関連性を図ることに配慮する必要があること。

2　個別の教育支援計画の作成

（1）作成に当たっては、保護者と十分相談し、支援に関する本人及び保護者の意向や将来の希望、現在の障害の状態やこれまでの経過、関係機関等における支援の状況、その他支援内容を検討する上で把握することが適切な情報等を詳細かつ正確に把握し、整理して記載すること。その際、学校と保護者や関係機関等とが一層連携を深め、切れ目ない支援を行うため、本人や保護者の意向を踏まえつつ、関係機関等と当該児童生徒等の支援に関する必要な情報の共有を図ること。

（2）学校と保護者との間で当該児童生徒等に対する支援の考え方を共有するため、作成した個別の教育支援計画については、保護者に共有することが望ましいこと。

3　個別の教育支援計画を活用した関係機関等との連携

（1）「関係機関等」としては、例えば、当該児童生徒等が利用する医療機関、児童発達支援や放課後等デイサービス、保育所等訪問支援等障害児通所支援事業を行う者（指定障害児通所支援事業者等）、保健所、就労支援機関等の支援機関が考えられること。

（2）各学校においては、本人や保護者の意向を踏まえつつ、効果的かつ効率的に実施する

ことができるよう、情報共有を図る関係機関等やその方法を決定すること。

（3）個別の教育支援計画には個人情報が含まれることから、関係機関等との情報共有に当たっては、本人や保護者の同意が必要である点に留意すること。

（4）個別の教育支援計画の作成時のみならず、当該計画を活用しながら、日常的に学校と保護者、関係機関等とが連携を図ることが望ましいこと。なお、放課後等デイサービス事業者との連携に当たっては、「「放課後等デイサービスガイドライン」にかかる普及啓発の推進について」（平成27年4月14日付け文部科学省初等中等教育局特別支援教育課及び生涯学習政策局社会教育課連名事務連絡）をもって周知した「放課後等デイサービスガイドライン」（平成27年4月厚生労働省。今後、厚生労働省において放課後等デイサービス事業者と学校との連携方策についてより明確化するなどの改定が行われる予定。）も参考とすること。

（5）児童生徒等が利用する指定障害児通所支援事業者においては、本人や保護者の意向、本人の適性、障害の特性等を踏まえた通所支援計画を作成していることから、本人や保護者の同意を得た上で、こうした計画について校内委員会等で共有することも考えられること。その際、平成30年度障害福祉サービス等を報酬改定において、障害児通所支援事業所等が学校と協力して個別の教育支援計画を作成する際の加算（関係機関連携加算）が充実されていることにも留意すること。

（6）地域においては、相談支援専門員等が、障害のある児童生徒等の意向を踏まえ、必要な支援を受けることができるよう、関係機関と調整する役割を担っている場合があり、関係機関等との調整に当たっては、そのような人材を活用することも有効であると考えられること。なお、「児童福祉法等の改正による教育と福祉の連携の一層の推進について」（平成24年4月18日付け厚生労働省社会・援護局障害保健福祉部障害福祉課及び文部科学省初等中等教育局特別支援教育課連名事務連絡）にあるとおり、障害児支援利用計画等の作成を担当する相談支援事業所と個別の教育支援計画等の作成を担当する学校等が密接に連絡調整を行い、就学前の福祉サービス利用から就学への移行、学齢期に利用する福祉サービスとの連携、さらには学校卒業に当たって地域生活に向けた福祉サービス利用への移行が円滑に進むよう、保護者の了解を得つつ、特段の配慮をお願いしたいこと。

4　個別の教育支援計画に引継ぎ

障害のある児童生徒等については、学校生活のみならず、家庭生活や地域での生活も含め、長期的な視点に立って幼児期から学校卒業後までの一貫した支援を行うことが重要であることから、各学校においては、個別の教育支援計画について、本人や保護者の同意を得た上で、進学先等に適切に引き継ぐよう努めること。そのため、個別の教育支援計画を作成する際に、本人や保護者に対し、その趣旨や目的を十分に説明して理解を得、第三者に引き継ぐ旨についてもあらかじめ引継先や内容などの範囲を明確にした上で、同意を得ておくこと。

また、各自治体の関係部局や関係機関等が連携し、就学、進学、就労等の際に円滑に引き継ぐことができる体制の構築に努めること。

5　個別の教育支援計画の保存及び管理

個別の教育支援計画については、記載された個人情報が漏えいしたり、紛失したりすることのないよう、学校内における個人情報の管理の責任者である校長が適切に保存・管理すること。

個別の教育支援計画は、条例や法人の各種規程に基づき適切に保存されるものであるが、指導要録の指導に関する記録の保存期間を参考とし、5年間保存されることが文書管理上望ましいと考えられること。

6　個別の教育支援計画の様式

個別の教育支援計画については、引き続き地域の実情に応じて設置者等が定める様式によって作成されたいこと。なお、障害のある児童生徒、不登校児童生徒及び日本語指導が必要な外国人児童生徒等についての支援計画をまとめて作成する場合は、「不登校児童生徒、障害のあ

る児童生徒及び日本語指導が必要な外国人児童生徒等に対する支援計画を統合した参考様式の送付について」（平成 30 年 4 月 3 日付け 29 文科初第 1779 号文部科学省初等中等教育局長通知）において示した参考様式を活用することも有効であること。

障害者の権利に関する条約（抄）

第2条　定義

この条約の適用上、

「意思疎通」とは、言語、文字の表示、点字、触覚を使った意思疎通、拡大文字、利用しやすいマルチメディア並びに筆記、音声、平易な言葉、朗読その他の補助的及び代替的な意思疎通の形態、手段及び様式（利用しやすい情報通信機器を含む。）をいう。

「言語」とは、音声言語及び手話その他の形態の非音声言語をいう。

「障害に基づく差別」とは、障害に基づくあらゆる区別、排除又は制限であって、政治的、経済的、社会的、文化的、市民的その他のあらゆる分野において、他の者との平等を基礎として全ての人権及び基本的自由を認識し、享有し、又は行使することを害し、又は妨げる目的又は効果を有するものをいう。障害に基づく差別には、あらゆる形態の差別（合理的配慮の否定を含む。）を含む。

「合理的配慮」とは、障害者が他の者との平等を基礎として全ての人権及び基本的自由を享有し、又は行使することを確保するための必要かつ適当な変更及び調整であって、特定の場合において必要とされるものであり、かつ、均衡を失した又は過度の負担を課さないものをいう。

「ユニバーサルデザイン」とは、調整又は特別な設計を必要とすることなく、最大限可能な範囲で全ての人が使用することのできる製品、環境、計画及びサービスの設計をいう。ユニバーサルデザインは、特定の障害者の集団のための補装具が必要な場合には、これを排除するものではない。

第24条　教育

1　締約国は、教育についての障害者の権利を認める。締約国は、この権利を差別なしに、かつ、機会の均等を基礎として実現するため、障害者を包容するあらゆる段階の教育制度及び生涯学習を確保する。当該教育制度及び生涯学習は、次のことを目的とする。

(a)　人間の潜在能力並びに尊厳及び自己の価値についての意識を十分に発達させ、並びに人権、基本的自由及び人間の多様性の尊重を強化すること。

(b)　障害者が、その人格、才能及び創造力並びに精神的及び身体的な能力をその可能な最大限度まで発達させること。

(c)　障害者が自由な社会に効果的に参加することを可能とすること。

2　締約国は、1の権利の実現に当たり、次のことを確保する。

(a)　障害者が障害に基づいて一般的な教育制度から排除されないこと及び障害のある児童が障害に基づいて無償のかつ義務的な初等教育から又は中等教育から排除されないこと。

(b)　障害者が、他の者との平等を基礎として、自己の生活する地域社会において、障害者を包容し、質が高く、かつ、無償の初等教育を享受することができること及び中等教育を享受することができること。

(c)　個人に必要とされる合理的配慮が提供されること。

(d)　障害者が、その効果的な教育を容易にするために必要な支援を一般的な教育制度の下で受けること。

(e)　学問的及び社会的な発達を最大にする環境において、完全な包容という目標に合致する効果的で個別化された支援措置がとられること。

3　締約国は、障害者が教育に完全かつ平等に参加し、及び地域社会の構成員として完全かつ平等に参加することを容易にするため、障害者が生活する上での技能及び社会的な発達のための技能を習得することを可能とする。このため、締約国は、次のことを含む適当な措置を

とる。

  (a) 点字、代替的な文字、意思疎通の補助的及び代替的な形態、手段及び様式並びに定位及び移動のための技能の習得並びに障害者相互による支援及び助言を容易にすること。

  (b) 手話の習得及び聾ろう社会の言語的な同一性の促進を容易にすること。

  (c) 盲人、聾ろう者又は盲聾ろう者（特に盲人、聾ろう者又は盲聾ろう者である児童）の教育が、その個人にとって最も適当な言語並びに意思疎通の形態及び手段で、かつ、学問的及び社会的な発達を最大にする環境において行われることを確保すること。

4 締約国は、1の権利の実現の確保を助長することを目的として、手話又は点字について能力を有する教員（障害のある教員を含む。）を雇用し、並びに教育に従事する専門家及び職員（教育のいずれの段階において従事するかを問わない。）に対する研修を行うための適当な措置をとる。この研修には、障害についての意識の向上を組み入れ、また、適当な意思疎通の補助的及び代替的な形態、手段及び様式の使用並びに障害者を支援するための教育技法及び教材の使用を組み入れるものとする。

5 締約国は、障害者が、差別なしに、かつ、他の者との平等を基礎として、一般的な高等教育、職業訓練、成人教育及び生涯学習を享受することができることを確保する。このため、締約国は、合理的配慮が障害者に提供されることを確保する。

障害者基本法（抄）

（目的）

第1条 この法律は、全ての国民が、障害の有無にかかわらず、等しく基本的人権を享有するかけがえのない個人として尊重されるものであるとの理念にのっとり、全ての国民が、障害の有無によって分け隔てられることなく、相互に人格と個性を尊重し合いながら共生する社会を実現するため、障害者の自立及び社会参加の支援等のための施策に関し、基本原則を定め、及び国、地方公共団体等の責務を明らかにするとともに、障害者の自立及び社会参加の支援等のための施策の基本となる事項を定めること等により、障害者の自立及び社会参加の支援等のための施策を総合的かつ計画的に推進することを目的とする。

（定義）

第2条 この法律において、次の各号に掲げる用語の意義は、それぞれ当該各号に定めるところによる。

  一 障害者 身体障害、知的障害、精神障害（発達障害を含む。）その他の心身の機能の障害（以下「障害」と総称する。）がある者であって、障害及び社会的障壁により継続的に日常生活又は社会生活に相当な制限を受ける状態にあるものをいう。

  二 社会的障壁 障害がある者にとって日常生活又は社会生活を営む上で障壁となるような社会における事物、制度、慣行、観念その他一切のものをいう。

（地域社会における共生等）

第3条 第1条に規定する社会の実現は、全ての障害者が、障害者でない者と等しく、基本的人権を享有する個人としてその尊厳が重んぜられ、その尊厳にふさわしい生活を保障される権利を有することを前提としつつ、次に掲げる事項を旨として図られなければならない。

  一 全て障害者は、社会を構成する一員として社会、経済、文化その他あらゆる分野の活動に参加する機会が確保されること。

  二 全て障害者は、可能な限り、どこで誰と生活するかについての選択の機会が確保され、地域社会において他の人々と共生することを妨げられないこと。

  三 全て障害者は、可能な限り、言語（手話を含む。）その他の意思疎通のための手段についての選択の機会が確保されるとともに、情報の取得又は利用のための手段について

の選択の機会の拡大が図られること。

（差別の禁止）

第4条　何人も、障害者に対して、障害を理由として、差別することその他の権利利益を侵害する行為をしてはならない。

　2　社会的障壁の除去は、それを必要としている障害者が現に存し、かつ、その実施に伴う負担が過重でないときは、それを怠ることによつて前項の規定に違反することとならないよう、その実施について必要かつ合理的な配慮がされなければならない。

　3　国は、第一項の規定に違反する行為の防止に関する啓発及び知識の普及を図るため、当該行為の防止を図るために必要となる情報の収集、整理及び提供を行うものとする。

（教育）

第16条　国及び地方公共団体は、障害者が、その年齢及び能力に応じ、かつ、その特性を踏まえた十分な教育が受けられるようにするため、可能な限り障害者である児童及び生徒が障害者でない児童及び生徒と共に教育を受けられるよう配慮しつつ、教育の内容及び方法の改善及び充実を図る等必要な施策を講じなければならない。

　2　国及び地方公共団体は、前項の目的を達成するため、障害者である児童及び生徒並びにその保護者に対し十分な情報の提供を行うとともに、可能な限りその意向を尊重しなければならない。

　3　国及び地方公共団体は、障害者である児童及び生徒と障害者でない児童及び生徒との交流及び共同学習を積極的に進めることによつて、その相互理解を促進しなければならない。

　4　国及び地方公共団体は、障害者の教育に関し、調査及び研究並びに人材の確保及び資質の向上、適切な教材等の提供、学校施設の整備その他の環境の整備を促進しなければならない。

障害を理由とする差別の解消の推進に関する法律（抄）

（目的）

第1条　この法律は、障害者基本法（昭和45年法律第84号）の基本的な理念にのっとり、全ての障害者が、障害者でない者と等しく、基本的人権を享有する個人としてその尊厳が重んぜられ、その尊厳にふさわしい生活を保障される権利を有することを踏まえ、障害を理由とする差別の解消の推進に関する基本的な事項、行政機関等及び事業者における障害を理由とする差別を解消するための措置等を定めることにより、障害を理由とする差別の解消を推進し、もって全ての国民が、障害の有無によって分け隔てられることなく、相互に人格と個性を尊重し合いながら共生する社会の実現に資することを目的とする。

（定義）

第2条　この法律において、次の各号に掲げる用語の意義は、それぞれ当該各号に定めるところによる。

　一　障害者　身体障害、知的障害、精神障害（発達障害を含む。）その他の心身の機能の障害（以下「障害」と総称する。）がある者であって、障害及び社会的障壁により継続的に日常生活又は社会生活に相当な制限を受ける状態にあるものをいう。

　二　社会的障壁　障害がある者にとって日常生活又は社会生活を営む上で障壁となるような社会における事物、制度、慣行、観念その他一切のものをいう。

（以下、略）

（国及び地方公共団体の責務）

第3条　国及び地方公共団体は、この法律の趣旨にのっとり、障害を理由とする差別の解消の推進に関して必要な施策を策定し、及びこれを実施しなければならない。

（国民の責務）

第４条　国民は、第一条に規定する社会を実現する上で障害を理由とする差別の解消が重要であることに鑑み、障害を理由とする差別の解消の推進に寄与するよう努めなければならない。

（社会的障壁の除去の実施についての必要かつ合理的な配慮に関する環境の整備）

第５条　行政機関等及び事業者は、社会的障壁の除去の実施についての必要かつ合理的な配慮を的確に行うため、自ら設置する施設の構造の改善及び設備の整備、関係職員に対する研修その他の必要な環境の整備に努めなければならない。

（行政機関等における障害を理由とする差別の禁止）

第７条　行政機関等は、その事務又は事業を行うに当たり、障害を理由として障害者でない者と不当な差別的取扱いをすることにより、障害者の権利利益を侵害してはならない。

　　２　行政機関等は、その事務又は事業を行うに当たり、障害者から現に社会的障壁の除去を必要としている旨の意思の表明があった場合において、その実施に伴う負担が過重でないときは、障害者の権利利益を侵害することとならないよう、当該障害者の性別、年齢及び障害の状態に応じて、社会的障壁の除去の実施について必要かつ合理的な配慮をしなければならない。

学校教育法施行規則の一部を改正する省令の施行等について（通知）（抄）

（27 文科初第 289 号　平成 27 年 4 月 24 日）

I　制度改正の趣旨

　今回の制度改正の趣旨は、「ＩＴ利活用の裾野拡大のための規制制度改革の集中アクションプラン」（平成 25 年 12 月高度情報通信ネットワーク社会推進戦略本部決定）や、「中央教育審議会初等中等教育分科会高等学校教育部会審議まとめ」（平成 26 年 6 月）を踏まえ、今後の高等学校における遠隔教育の在り方を検討し、「高等学校における遠隔教育の在り方について」（平成 26 年 12 月高等学校における遠隔教育の在り方に関する検討会議）において盛り込まれた内容を制度化するものである。

　具体的には、全日制・定時制課程の高等学校、中等教育学校の後期課程及び特別支援学校の高等部（以下「高等学校等」という。）における授業の方法として、多様なメディアを高度に利用して、当該授業を行う教室等以外の場所で履修させる授業（以下「メディアを利用して行う授業」という。）を、学校教育法施行規則（昭和 22 年文部省令第 11 号。以下「施行規則」という。）に位置付け、制度の弾力化を図ることとする。

　あわせて、全日制・定時制課程の高等学校及び中等教育学校の後期課程において、疾病による療養のため又は障害のため、相当の期間高等学校又は中等教育学校の後期課程を欠席すると認められる生徒等を対象として、その実態に配慮した特別な教育課程を編成して教育を実施する必要があると文部科学大臣が認める場合に、不登校生徒を対象とした現行の特例制度と同様に、特別な教育課程を編成することを可能とする。

　この場合、高等学校及び中等教育学校の後期課程で、通信の方法を用いた教育として、事前に収録された授業を、学校から離れた空間で、インターネット等のメディアを利用して配信を行うことにより、生徒が視聴したい時間に受講することが可能な授業の方式（以下「Ⅲ 留意事項 第 2」において「オンデマンド型の授業」という。）が認められることとなる。

II　制度改正の概要

第 1　高等学校等におけるメディアを利用して行う授業の制度化

1　高等学校等は、文部科学大臣が別に定めるところにより、メディアを利用して行う授業を行うことができることとすること。（施行規則第 88 条の 2 の新設等）

2　「文部科学大臣が別に定める」ものとは、平成 27 年文部科学省告示第 92 号に定めたとおり、次に掲げる要件を満たすもので、高等学校等において、対面により行う授業に相当する教育効果を有すると認めたものであること。（平成 27 年文部科学省告示第 92 号の制定）

　（1）通信衛星、光ファイバ等を用いることにより、多様なメディアを高度に利用して、文字、音声、静止画、動画等の多様な情報を一体的に扱うもので、同時かつ双方向的に行われるものであること。

　（2）メディアを利用して行う授業が行われる教科・科目等の特質に応じ、対面により行う授業を相当の時間数行うものであること。

3　メディアを利用して行う授業については、高等学校及び中等教育学校の後期課程の全課程の修了要件として修得すべき単位数である 74 単位のうち 36 単位以下とすること。また、特別支援学校の高等部にあっても同旨とすること。（施行規則第 96 条第 2 項及び第 133 条第 2 項の新設等）

第 2　疾病による療養のため又は障害のため、相当の期間高等学校又は中等教育学校の後期課程を欠席すると認められる生徒等に対する特例の制定

1 全日制・定時制課程の高等学校（中等教育学校の後期課程を含む。以下この節及び「Ⅲ 留意事項 第2」において同じ。）において、疾病による療養のため又は障害のため、相当の期間高等学校を欠席すると認められる生徒、高等学校を退学し、その後高等学校に入学していないと認められる者又は学校教育法第57条に規定する高等学校の入学資格を有するが、高等学校に入学していないと認められる者（以下「療養等による長期欠席生徒等」という。）を対象として、その実態に配慮した特別の教育課程を編成して教育を実施する必要があると文部科学大臣が認める場合、施行規則第83条及び第84条の規定によらずに特別の教育課程を編成して教育を実施することができることとすること。

　　この措置が認められる場合は、施行規則第86条並びに平成17年文部科学省告示第98号及び平成17年文部科学省告示第99号並びに指定要項に基づき、文部科学大臣が当該高等学校を指定する場合とすること。（施行規則第86条の改正、平成17年文部科学省告示第98号の改正及び指定要項の改正）

2 この特別の教育課程において、通信の方法を用いた教育を行う必要があると文部科学大臣が認める場合には、高等学校学習指導要領（平成21年文部科学省告示第34号）第1章第7款（通信制の課程における教育課程の特例）に定める各教科・科目の添削指導の回数及び面接指導の単位時間数の取扱い等（ラジオ放送、テレビ放送その他多様なメディアを利用して行う学習を取り入れた場合の取扱いを含む。）に準じ特別の教育課程を編成すること。通信の方法を用いた教育により認定することができる単位数は、36単位を上限とすること。

3 療養等による長期欠席生徒等を対象とする特別の教育課程を編成して教育を実施する高等学校に関し、以下の項目について指定要項において定めること。（指定要項の改正）

　（1）趣旨
　（2）高等学校の指定
　（3）実施
　（4）報告の依頼等
　（5）実施計画の変更
　（6）文部科学大臣の是正措置等

Ⅲ　留意事項

第1　施行規則第88条の2、第96条第2項等関係

1 学校教育法（昭和22年法律第26号。以下この節において「法」という。）、施行規則及び高等学校設置基準（平成16年文部科学省令第20号）等の関係法令に基づく授業とすること。特に、以下のような事項に留意すること。

（1）高等学校及び中等教育学校の後期課程にあっては、高等学校設置基準第7条の規定に基づき、同時に授業を受ける一学級の生徒数は原則として40人以下とすること。この場合、受信側の教室等のそれぞれの生徒数が40人以下であっても、それらを合わせて40人を超えることは原則として認められないこと。

　　特別支援学校の高等部にあっては、施行規則第120条第2項の規定に基づき、同時に授業を受ける一学級の生徒は原則として15人以下を標準とすること。この場合、15人とは配信側及び受信側の教室等の合計数であることに留意すること。

（2）法第60条第1項から第3項及び第5項等の規定に基づき、配信側の教員は受信側の高等学校等の身分を有する必要があること。具体的には、配信側の教員が受信側の高等学校等の本務の教員ではないときは、兼務発令等により受信側の高等学校等の教員の身分を配信側の教員に持たせる等の必要があること。

（3）教育職員免許法（昭和24年法律第147号）の規定に基づき、配信側の教員は学校種や教科等に応じた相当の免許状を有する者である必要があること。

（4）法第34条の規定を準用する同法第62条等の規定に基づき、教科用図書、教材等は文

部科学大臣の検定を経た教科用図書等を使用しなければならないこと。特別支援学校の高等部にあっては、施行規則第131条第2項の規定にも留意すること。

（5）単位認定等の評価は、当該授業を担当する教員たる配信側の教員が、必要に応じて、受信側の教員の協力を得ながら行うべきものであること。

2　高等学校等の教育は、心身の発達に応じて行うこと等を目的とするものであり、高等学校等の生徒の特性に鑑み、机間巡視や安全管理を行う観点から、原則として、受信側の教室に当該高等学校等の教員を配置するべきであること。特に、特別支援学校の高等部にあっては、当該生徒の障害の状態等に応じた十分な配慮が求められること。なお、受信側の教室に配置すべき教員は、当該教科の免許保有者であるか否かは問わないこと。

特別支援学校高等部学習指導要領解説の一部改訂について（通知）（抄）

（27文科初第195号　平成27年4月24日）

第1　改訂の趣旨

　今回の改訂は、別添2（「学校教育法施行規則の一部を改正する省令等の施行について（通知）」平成27年4月24日付け27文科初第289号）のとおり、あらかじめ文部科学大臣が認める場合には、高等学校（中等教育学校の後期課程を含む。以下同じ。）において、疾病による療養のため又は障害のため相当の期間高等学校を欠席すると認められる生徒等に対して特別な教育課程を編成し、別の空間、時間で事前に収録された授業を、学校から離れた空間で、インターネット等のメディアを利用して配信を行うことにより、生徒が視聴したい時間に受講することが可能な授業の方式を認めることとするなどの制度改正が行われ殿たことを受け、特別支援学校の高等部においても、療養中の生徒及び障害のため通学して教育を受けることが困難な生徒に対する多様な教育機会の確保の観点から、これらの生徒に対して、多様なメディアを利用し授業を行うことができることとする趣旨であること。

第2　改訂の内容

　療養中の生徒及び障害のため通学して教育を受けることが困難な生徒に対して通信により行う教育には、添削指導及び面接指導によるもののほか、通信衛星、光ファイバ等を用いることにより、多様なメディアを高度に利用して、文字、音声、静止画、動画等の多様な情報を一体的に扱うもので同時かつ双方向的に行われるもの（以下「メディアを利用して行う授業」という。）及び事前に収録された授業を、学校から離れた空間で、インターネット等のメディアを利用して配信を行うことにより、生徒が視聴したい時間に受講することが可能なもの（以下「オンデマンド型の授業」という。）を含むこととしたこと。また、メディアを利用して行う授業及びオンデマンド型の授業が行われる各教科・科目又は各教科の特質に応じ、対面により行う授業を相当の時間数行うものとしたこと。

第3　留意事項

3　メディアを利用して行う授業に関するその他の留意点

（1）学校教育法等との関係

　　学校教育法（昭和22年法律第26号。以下「法」という。）、施行規則等の関係法令に基づく授業とすること。特に、以下のような事項に留意すること。

①　施行規則第120条第2項の規定に基づき、同時に授業を受ける一学級の生徒は原則として15人以下を標準とすること。この場合、15人以下とは、配信側及び受信側の教室等の合計数であることに留意すること。

②　法第60条第1項から第3項及び第5項等を準用する法第82条の規定に基づき、配信側の教員は受信側の特別支援学校の高等部の身分を有する必要があること。具体的には、配

信側の教員が受信側の特別支援学校の高等部の本務の教員ではないときは、兼務発令等により受信側の特別支援学校の高等部の教員の身分を配信側の教員に持たせる等の必要があること。

③ 教育職員免許法（昭和24年法律第147号）の規定に基づき、配信側の教員は学校種や教科等に応じた相当の免許状を有する者である必要があること。

④ 単位認定等の評価は、当該授業を担当する教員たる配信側の教員が、必要に応じて、受信側の教員の協力を得ながら行うべきものであること。

（2）受信側の病室等における教員の配置

特別支援学校の高等部の教育は、心身の発達に応じて行うことを目的とするものであり、生徒の特性に鑑み、巡視や安全管理を行う観点から、原則として、受信側の病室等に当該特別支援学校の高等部の教員を配置するべきであること。なお、当該教科の免許保有者であるか否かは問わないこと。

小・中学校等における病気療養児に対する同時双方向型授業配信を行った場合の指導要録上の出欠の取扱い等について（通知）（抄）

（30文科初第837号　平成30年9月20日）

第1　趣旨

小・中学校等では、病院や自宅等で療養中の病気療養児に対する学習支援として同時双方向型授業配信やそれを通じた他の児童生徒との交流を行っている場合があり、それにより病気療養児の教育機会の確保や学習意欲の維持・向上、学習や学校生活に関する不安感が解消されることによる円滑な復学につながるなどの効果が見られている。このような状況を踏まえ、病気療養児に対する教育の一層の充実を図るため、小・中学校等において同時双方向型授業配信を行った場合、校長は、指導要録上出席扱いとすることができることとするものである。

第2　指導要録上の取扱い等

小・中学校等において、当該学校に在籍する病院や自宅等で療養中の病気療養児に対し、受信側に教科等に応じた相当の免許状を有する教師を配置せずに同時双方向型授業配信を行った場合、校長は、指導要録上出席扱いとすること及びその成果を当該教科等の評価に反映することができることとする。

なお、同時双方向型授業配信を行うに当たっては、学校教育法（昭和22年法律第26号）、学校教育法施行規則（昭和22年文部省令第11号）、小・中学校の設置基準及び学習指導要領等の関係法令の規定に留意して行う必要があること。特に、以下のような事項に留意すること。

(1) 教育職員免許法（昭和24年法律第147号）の規定を踏まえ、配信側の教師は、当該病気療養児が在籍する学校の教師の身分を有する者であり、中学校等においては同時双方向型授業配信を行う教科等に応じた相当の免許状を有する者である必要があること。

(2) 配信側及び受信側で同時に授業を受ける一学級の児童生徒の合計数は、小学校、中学校、義務教育学校、中等教育学校の前期課程にあっては、小学校設置基準（平成14年文部科学省令第14号）第4条及び中学校設置基準（平成14年文部科学省令第15号）第4条の規定を踏まえ、原則として40人以下とすること。特別支援学校の小・中学部にあっては、学校教育法施行規則第120条第2項の規定を踏まえ、視覚障害者又は聴覚障害者である児童生徒に対する教育を行う学級では原則として10人以下を、知的障害者、肢体不自由者又は病弱者（身体虚弱者を含む。）である児童生徒に対する教育を行う学級では原則として15人以下を標準とすること。

(3) 教室等で授業を受ける場合と同様、教科用図書や教材については、学校教育法第34条（同法第49条、第49条の8、第70条第1項、第82条において準用する場合を含む。）の規定や「学

185

校における補助教材の適切な取扱いについて」（平成 27 年 3 月 4 日付け 26 文科初第 1257 号文部科学省初等中等教育局長通知）等に基づき、適切に対応すること。なお、小・中学校等のうち、特別支援学級及び特別支援学校の小・中学部にあっては、同法附則第 9 条の規定にも留意すること。

高等学校等におけるメディアを利用して行う授業に係る留意事項について（通知）（抄）

（元文科初第 1114 号　令和元年 11 月 26 日）

第 1　平成 27 年 4 月 24 日付け 27 文科初第 289 号「学校教育法施行規則の一部を改正する省令の施行等について（通知)」の記Ⅲ留意事項の第 1 の 2 について

　高等学校等の教育は、心身の発達に応じて行うこと等を目的とするものであり、高等学校等の生徒の特性に鑑み、机間巡視や安全管理を行う観点から、原則として、受信側の教室等に当該高等学校等の教員を配置するべきであること。特に、特別支援学校の高等部にあっては、当該生徒の障害の状態等に応じた十分な配慮が求められること。なお、受信側の教室等に配置するべき教員は、当該教科の免許保有者であるか否かは問わないこと。

　ただし、病室等において、疾病による療養のため又は障害のため相当の期間学校を欠席すると認められる生徒に対し、施行規則第 88 条の 3 の規定に基づきメディアを利用して行う授業の配信を行う場合その他の特別な事情が認められる場合には、受信側の病室等に当該高等学校等の教員を配置することは必ずしも要しないこと。なお、その場合には、当該高等学校等と保護者が連携・協力し、当該生徒の状態等を踏まえ、体調の管理や緊急時に適切な対応を行うことができる体制を整えるようにすること。受信側の病室等で当該対応を行う者としては、例えば、保護者自身、保護者や教育委員会等が契約する医療・福祉関係者等が考えられること。また、受信側の病室等に当該高等学校等の教員を配置しない場合にも、配信側の教員は受信側の病室等で当該対応を行う者と連携・協力し、当該生徒の日々の様子及び体調の変化を確認すること。

第 2　平成 27 年 4 月 24 日付け 27 文科初第 195 号「特別支援学校高等部学習指導要領解説の一部改訂について（通知)」の記第 3 留意事項の 3 の（2）について

　特別支援学校の高等部の教育は、心身の発達に応じて行うことを目的とするものであり、生徒の特性に鑑み、巡視や安全管理を行う観点から、原則として、受信側の病室等に当該特別支援学校の高等部の教員を配置するべきであること。なお、当該教科の免許保有者であるか否かは問わないこと。

　ただし、当該特別支援学校と保護者が連携・協力し、生徒の状態等を踏まえ、体調の管理や緊急時に適切な対応を行うことができる体制を整えている場合には、受信側の病室等に当該特別支援学校の教員を配置することは必ずしも要しないこと。受信側の病室等で当該対応を行う者としては、例えば、保護者自身、保護者や教育委員会等が契約する医療・福祉関係者等が考えられること。また、受信側の病室等に当該特別支援学校の教員を配置しない場合にも、配信側の教員は受信側の病室等で当該対応を行う者と連携・協力し、当該生徒の日々の様子及び体調の変化を確認すること。

学校教育法施行規則の一部を改正する省令等の公布について（通知）（抄）

（28 文科初第 1038 号　平成 28 年 12 月 9 日）

1　改正の趣旨

　今回の制度改正は、平成 28 年 3 月の高等学校における特別支援教育の推進に関する調査研究協力者会議報告「高等学校における通級による指導の制度化及び充実方策について（報告）」（平成 28 年 3 月　高等学校における特別支援教育の推進に関する調査研究協力者会議）（以下「協力者会議報告」という。）を踏まえ、現在、小学校、中学校、義務教育学校及び中等教育学校の前期課程において実施されている、いわゆる「通級による指導」（大部分の授業を通常の学級で受けながら、一部の授業について障害に応じた特別の指導を特別な場で受ける指導形態）を、高等学校及び中等教育学校の後期課程においても実施できるようにするものである。

　具体的には、高等学校又は中等教育学校の後期課程に在籍する生徒のうち、障害に応じた特別の指導を行う必要があるものを教育する場合には、特別の教育課程によることができることとするとともに、その場合には、障害に応じた特別の指導を高等学校又は中等教育学校の後期課程の教育課程に加え、又はその一部（必履修教科・科目等を除く。）に替えることができることとし、また、障害に応じた特別の指導に係る修得単位数を、年間 7 単位を超えない範囲で全課程の修了を認めるに必要な単位数に加えることができることとする。

　あわせて、小学校、中学校、義務教育学校、高等学校又は中等教育学校における障害に応じた特別の指導の内容について、各教科の内容を取り扱う場合であっても、障害による学習上又は生活上の困難を改善し、又は克服することを目的とする指導として行うものであるとの趣旨を明確化するため、改正を行うものである。

2　改正の概要

第1　高等学校における通級による指導の制度化

1　学校教育法施行規則（昭和 22 年文部省令第 11 号。以下「規則」という。）の一部改正

(1) 高等学校又は中等教育学校の後期課程において、言語障害者、自閉症者、情緒障害者、弱視者、難聴者、学習障害者、注意欠陥多動性障害者又はその他障害のある生徒のうち、当該障害に応じた特別の指導を行う必要があるものを教育する場合には、文部科学大臣が別に定めるところにより、規則第 83 条及び第 84 条（第 108 条第 2 項において準用する場合を含む。）の規定にかかわらず、特別の教育課程によることができること。（規則第 140 条関係）

(2) 規則第 140 条の規定により特別の教育課程による場合においては、校長は、生徒が、当該高等学校又は中等教育学校の設置者の定めるところにより他の高等学校、中等教育学校の後期課程又は特別支援学校の高等部において受けた授業を、当該高等学校又は中等教育学校の後期課程において受けた当該特別の教育課程に係る授業とみなすことができること。（いわゆる「他校通級」）（規則第 141 条関係）

2　学校教育法施行規則第 140 条の規定による特別の教育課程について定める件（平成 5 年文部省告示第 7 号。以下「告示」という。）の一部改正

(1) 高等学校又は中等教育学校の後期課程において、上記 1 の（1）に該当する生徒に対し、規則第 140 条の規定による特別の教育課程を編成するに当たっては、当該生徒の障害に応じた特別の指導を、高等学校又は中等教育学校の後期課程の教育課程に加え、又はその一部に替えることができるものとすること。

　ただし、障害に応じた特別の指導を、高等学校学習指導要領（平成 21 年文部科学省告示第 34 号）第 1 章第 3 款の 1 に規定する必履修教科・科目及び総合的な学習の時間、同款の

　2に規定する専門学科においてすべての生徒に履修させる専門教科・科目、同款の3に規定する総合学科における「産業社会と人間」並びに同章第4款の4、5及び6並びに同章第7款の5の規定により行う特別活動に替えることはできないものとすること。(本文関係)

(2) 高等学校又は中等教育学校の後期課程における障害に応じた特別の指導に係る単位を修得したときは、年間7単位を超えない範囲で当該修得した単位数を当該生徒の在学する高等学校又は中等教育学校が定めた全課程の修了を認めるに必要な単位数のうちに加えることができるものとすること。(3関係)

第2　障害に応じた特別の指導の内容の趣旨の明確化

1　告示の一部改正

　小学校、中学校、義務教育学校、高等学校又は中等教育学校における障害に応じた特別の指導は、障害による学習上又は生活上の困難を改善し、又は克服することを目的とする指導とし、特に必要があるときは、障害の状態に応じて各教科の内容を取り扱いながら行うことができるものとすること。

医療的ケア児の支援に関する保健、医療、福祉、教育等の連携の一層の推進について（抄）

（28文科初第372号　平成28年6月3日）

　「障害者の日常生活及び社会生活を総合的に支援するための法律及び児童福祉法の一部を改正する法律」（平成28年法律第65号。以下「改正法」という。）が本日公布され、改正法により新設された児童福祉法（昭和22年法律第164号）第56条の6第2項の規定が本日施行された。これにより、地方公共団体は、人工呼吸器を装着している障害児その他の日常生活を営むために医療を要する状態にある障害児（以下「医療的ケア児」という。）の支援に関する保健、医療、障害福祉、保育、教育等の連携の一層の推進を図るよう努めることとされたところである。ついては、各地方公共団体におかれては、下記の趣旨及び留意事項を十分ご理解の上、所管内の医療的ケア児の支援ニーズや地域資源の状況を踏まえ、保健、医療、障害福祉、保育、教育等の関係機関の連携体制の構築に向けて、計画的に取り組んでいただくようお願いする。また、各都道府県におかれては、貴管内市町村（指定都市及び中核市を除き、特別区を含む。）に対する周知につき、各都道府県教育委員会におかれては所管の学校及び域内の市町村教育委員会に対して、各指定都市教育委員会におかれては所管の学校に対して、各都道府県知事及び構造改革特別区域法（平成14年法律第189号）第12条第1項の認定を受けた各地方公共団体の長におかれては所轄の学校及び学校法人等に対して、各国立大学法人学長におかれては附属学校に対する周知につき、それぞれお願いする。なお、本通知は、地方自治法（昭和22年法律第67号）第245条の4第1項の規定に基づく技術的な助言であることを申し添える。（参考）児童福祉法第56条の6第2項地方公共団体は、人工呼吸器を装着している障害児その他の日常生活を営むために医療を要する状態にある障害児が、その心身の状況に応じた適切な保健、医療、福祉その他各関連分野の支援を受けられるよう、保健、医療、福祉その他の各関連分野の支援を行う機関との連絡調整を行うための体制の整備に関し、必要な措置を講ずるように努めなければならない。

6　教育関係

　障害のある児童生徒等が、学校において、その年齢及び能力に応じ、かつ、その特性を踏まえた十分な教育が受けられるようにするため、可能な限り障害のある児童生徒等が障害のない児童生徒等と共に教育を受けられるよう配慮しつつ、必要な施策を講じることについては、「障害のある児童生徒等に対する早期からの一貫した支援について」（平成25年10月4日付け25文科初第756号文部科学省初等中等教育局長通知）等においてかねてよりお願いしてきたところである。また、学校において、医療的ケアを行うに当たっての基本的な考え方や関係機関との連携体制を整備することについては、「特別支援学校等における医療的ケアの今後の対応について」（平成23年12月20日付け23文科初第1344号文部科学省初等中等教育局長通知）において示してきたところである。今後は、これらの基本的な考え方の下、今回の法改正の趣旨も踏まえ、医療的ケア児やその保護者の意向を可能な限り尊重しつつ、都道府県教育委員会と市町村教育委員会との連携に加え、関係部局や関係機関とも連携しながら、その教育的ニーズにより一層適切に応えられるよう、以下のとおりご配慮をお願いする。

（1）上記通知（平成25年10月4日付け25文科初第756号）の第2「早期からの一貫した支援について」でお示ししたとおり、市町村の教育委員会が、保健、医療、福祉、労働等の関係機関と連携を図りつつ、医療的ケア児を含む障害のある児童生徒等に対する、乳幼児期から学校卒業後までの一貫した教育相談体制の整備を進めることが重要であり、都道府県の教育委員会においては、専門家による巡回指導を行ったり、関係者に対する

　　研修を実施したりする等、市町村の教育委員会における教育相談支援体制に対する支援をお願いする。

（2）上記通知（平成23年12月20日付け23文科初第1344号）の「別添」でお示ししたとおり、学校において医療的ケア児が安全に、かつ安心して学ぶことが できるよう、医療的ケアを実施する看護師等の配置又は活用を計画的に進めるとともに、看護師等を中心に教員等が連携協力して医療的ケアに対応するなどの体制整備に努めていただくようお願いする。その際、文部科学省において実施している公立の特別支援学校及び小・中学校への看護師等の配置などに対する補助事業を活用することが可能である。また、小・中学校等の特別支援教育支援員の配置については、地方交付税により措置しているところである。

（3）関係機関や関係部局と積極的に連携を行いながら、学校において医療的ケアを行う看護師等を確保するとともに、看護師等が学校において医療的ケア児に必要な対応を行う上で必要な研修の機会を充実するようお願いする。

（4）看護師等の養成課程において、医療的ケア児を含む障害のある子供の特性を学ぶ機会について、協力を求められた場合には、教育委員会において、特別支援 学校等で実習を受け入れるなど、積極的に協力することをお願いする。

学校における医療的ケアの今後の対応について（通知）

（30文科初第1769号　平成31年3月20日）

　この度、「学校における医療的ケアの実施に関する検討会議」において、最終まとめが取りまとめられました。

　文部科学省では、これまで「特別支援学校等における医療的ケアの今後の対応について（平成23年12月20日23文科初第1344号初等中等教育局長通知）」により、特別支援学校等において主として特定行為を実施するに当たっての留意事項を各教育委員会等に示し、医療的ケアの実施体制の整備を促すとともに、学校への看護師の配置に係る経費の一部を補助するなど、その支援に努めてまいりました。

　現在、学校に在籍する喀痰吸引や経管栄養等の医療的ケアが日常的に必要な児童生徒等（以下「医療的ケア児」という。）は年々増加するとともに、人工呼吸器の管理等の特定行為以外の医療的ケアを必要とする児童生徒等が学校に通うようになるなど、医療的ケア児を取り巻く環境が変わりつつあります。このため、特定行為以外の医療的ケアを含め、小・中学校等を含む全ての学校における医療的ケアの基本的な考え方を再度検討し、医療的ケアを実施する際に留意すべき点等について整理するために平成29年10月に本検討会議を設置し、有識者による議論が行われました。

　本最終まとめは、1医療的ケア児の「教育の場」、2学校における医療的ケアに関する基本的な考え方、3教育委員会における管理体制の在り方、4学校における実施体制の在り方、5認定特定行為業務従事者が喀痰吸引等の特定行為を実施する上での留意事項、6特定行為以外の医療的ケアを実施する場合の留意事項、7医療的ケア児に対する生活援助行為の「医行為」該当性の判断、8研修機会の提供、9校外における医療的ケア、10災害時の対応について、別紙のとおり取りまとめられたものです。

　文部科学省においては本最終まとめを受け、今後、特定行為以外の医療的ケアを含め、小・中学校等を含む全ての学校における医療的ケアの基本的な考え方や医療的ケアを実施する際に留意すべき点等について別添のとおり整理いたしました。関係各位におかれましては、その趣旨を十分御理解の上、適切な対応をお願いします。

　なお、「特別支援学校等における医療的ケアの今後の対応について」（平成23年12月20日23文科初第1344号初等中等教育局長通知）は廃止します。

また、各都道府県教育委員会におかれては所管の学校及び域内の市町村教育委員会に対して、各指定都市教育委員会におかれては所管の学校に対して、各都道府県知事及び構造改革特別区域法第 12 条第 1 項の認定を受けた各地方公共団体の長におかれては所管の学校及び学校法人に対して、各国立大学長におかれては附属学校に対して周知を図るようお願いします。

　本検討会議の最終まとめについては、文部科学省のホームページに掲載されておりますことも併せて申し添えます。

第 5 章

資　料

全国特別支援学校病弱教育校長会（全病長）会員校一覧

都道府県	学校名	都道府県	学校名
北海道	札幌市立山の手養護学校	石川県	県立医王特別支援学校
北海道	北海道八雲養護学校	福井県	県立福井東特別支援学校
青森県	県立青森若葉養護学校	滋賀県	県立守山養護学校
青森県	県立浪岡養護学校	滋賀県	県立鳥居本養護学校
岩手県	県立一関清明支援学校	京都府	府立城陽支援学校
岩手県	県立釜石祥雲支援学校	京都府	市立桃陽総合支援学校
岩手県	県立盛岡青松支援学校	京都府	市立鳴滝総合支援学校
宮城県	県立西多賀支援学校	大阪府	府立羽曳野支援学校
宮城県	県立山元支援学校	大阪府	府立刀根山支援学校
山形県	県立山形養護学校	大阪府	府立光陽支援学校
福島県	県立須賀川支援学校	兵庫県	県立上野ケ原特別支援学校
茨城県	県立友部東特別支援学校	奈良県	県立奈良養護学校
栃木県	県立足利特別支援学校	奈良県	県立明日香養護学校
栃木県	県立岡本特別支援学校	和歌山県	県立みはま支援学校
群馬県	県立赤城特別支援学校	鳥取県	県立鳥取養護学校
埼玉県	県立けやき特別支援学校	島根県	県立松江緑が丘養護学校
埼玉県	県立蓮田特別支援学校	広島県	県立広島西特別支援学校
千葉県	県立四街道特別支援学校	岡山県	県立早島支援学校
千葉県	県立仁戸名特別支援学校	山口県	県立豊浦総合支援学校
東京都	都立小平特別支援学校	徳島県	県立鴨島支援学校
東京都	都立武蔵台学園	香川県	県立善通寺養護学校
東京都	都立光明学園	愛媛県	県立しげのぶ特別支援学校
東京都	都立北特別支援学校	高知県	県立高知江の口養護学校
東京都	都立墨東特別支援学校	福岡県	県立古賀特別支援学校
神奈川県	県立秦野養護学校	福岡県	県立柳河特別支援学校
神奈川県	県立横浜南養護学校	福岡県	福岡市立屋形原特別支援学校
神奈川県	横浜市立浦舟特別支援学校	福岡県	北九州市立門司総合特別支援学校
新潟県	県立柏崎特別支援学校	福岡県	北九州市立小倉総合特別支援学校
新潟県	県立吉田特別支援学校	佐賀県	県立中原特別支援学校
長野県	若槻養護学校	長崎県	県立大村特別支援学校
長野県	寿台養護学校	長崎県	県立桜が丘特別支援学校
山梨県	県立富士見支援学校	熊本県	県立黒石原支援学校
静岡県	県立天竜特別支援学校	大分県	県立別府支援学校
愛知県	県立大府特別支援学校	宮崎県	県立赤江まつばら支援学校
岐阜県	県立長良特別支援学校	鹿児島	県立加治木養護学校
三重県	県立かがやき特別支援学校	沖縄県	県立森川特別支援学校
富山県	県立ふるさと支援学校		

（2019 年 7 月現在）

（オブザーバー校を除く）

あ と が き
～監修にあたって～

文部科学省初等中等教育局特別支援教育課

特別支援教育調査官　深草　瑞世

　平成31年2月4日に特別支援学校高等部学習指導要領が公示されました。これをもって全ての教育要領、学習指導要領が公示され、今後、この新しい学習指導要領が基盤となり学校教育が展開されていきます。今回の学習指導要領改訂の基本方針として「将来の予測が難しい社会の中でも、伝統や文化に立脚した広い視野を持ち、志高く未来を創り出していくために必要な資質・能力を子供たち一人一人に確実に育む学校教育の実現を目指す。」こととしています。社会において自立的に生きるために必要な「生きる力」の理念を具体化し、教育課程がその育成にどうつながるのかを分かりやすく示すことが重要となります。

　現在、ICT技術の進展が目覚ましく、遠隔教育も以前と比較して実施しやすい環境が整いつつあります。小学校、中学校段階の遠隔教育では、平成30年9月20日に「小・中学校等における病気療養児に対する同時双方向型授業配信を行った場合の指導要録上の出欠の取扱い等について（通知）」（30文科初第837号）が出されました。この通知により、小・中学校等において一定要件の下、同時双方向型授業配信を行った場合、校長は、指導要録上出席扱いとすることができるようになり、病気療養児に対する教育の一層の充実が図られることが期待されます。高等学校段階では、平成27年に遠隔教育が制度化され、今後も遠隔教育がより充実されることが求められています。その中で、令和元年6月に「新時代の学びを支える先端技術活用推進方策（最終まとめ）」が発表され、「高等学校段階の病気療養中の生徒に対する遠隔教育の要件（受信側の教師の配置要件や単位取得数の制限）を緩和することで、遠隔教育を通じた、より効果的な教育実践を推進する。」との方向性が示されました。これを踏まえ、令和元年11月26日に「高等学校等におけるメディアを利用して行う授業に係る留意事項について（通知）」（元文科初第1114号）が発出され、疾病による療養のため又は障害のため相当の期間学校を欠席すると認められる生徒等に対し、同時双方向型の授業配信を行う場合には、受信側の病室等に当該高等学校等の教員を配置することは、必ずしも要しないこと等、受信側の教師の配置要件の緩和が示されました。

このような新しい動きの中で、「よりよい学校教育を通じてよりよい社会を創る」という目標を学校と社会が共有し、連携・協働しながら、新しい時代に求められる資質・能力を子供たちに育む「社会に開かれた教育課程」を実現していく必要があります。

　『病気の子どものための教育必携』は、病弱教育についての基本的な知識と学校の取組を中心にまとめています。新しい学習指導要領の理念を病弱教育としてどのように培っていくか、今まで学校で培ってきたエッセンスをどのように継承していくのか、アイデアが詰まった一冊となっています。

　本書が、現在、病弱教育に携わっている方にとっては、病弱教育についての考えを広め深めるきっかけに、これから病弱教育に携わる方にとっては、新しい一歩を踏み出すきっかけとなることを願っています。

　国の施策や通知等の最新の情報については、文部科学省ホームページに掲載されています。また、独立行政法人国立特別支援教育総合研究所や全国病弱虚弱教育研究連盟ホームページにも様々な情報が掲載されていますので、併せてご覧ください。

　最後になりましたが、本書の前身となりました『特別支援学校の学習指導要領を踏まえた病気の子どものガイドブック－病弱教育における指導の進め方－』（平成24年3月、ジアース教育新社）にご尽力いただきました西牧謙吾先生、滝川国芳先生、植木田潤先生、編集委員、執筆者の方々に敬意を表するとともに、今回の執筆にご協力いただきました皆様に深く感謝を申し上げます。

監修・編集・編集協力・編集委員一覧 ....

執筆者一覧 ....

まえがき
  長岡　利保　　　全国特別支援学校病弱教育校長会長
                 横浜市立浦舟特別支援学校長

第1章
第1節～第2節（1）～（4）
  萩庭　圭子　　　全国特別支援学校病弱教育校長会事務局長
                 神奈川県立横浜南養護学校長
                 （前文部科学省初等中等教育局特別支援教育課特別支援教育調査官）

第2節（5）
  加藤　洋一　　　全国特別支援学校病弱教育校長会事務局次長
                 東京都立小平特別支援学校長

第2章
第1節・第2節
  萩庭　圭子　　　前掲
第3節
＜実践事例＞
  渡邉　鮎美　　　茨城県立友部東特別支援学校教諭
  阿部　壮太　　　大阪府立刀根山支援学校教諭
  風間ゆかり　　　東京都立北特別支援学校指導教諭
  竹尾　華枝　　　福岡市立千代小学校教諭
  永島　晶子　　　福岡市立千代中学校教諭
  山﨑　明子　　　広島市立比治山小学校教諭
  山縣　良子　　　広島市立段原中学校教諭
  村上　由紀　　　千葉県立四街道特別支援学校教諭
  荻野　純子　　　横浜市立浦舟特別支援学校主幹教諭
  篠原　淳子　　　京都市立桃陽総合支援学校教諭
  吉田　　基　　　群馬県立赤城特別支援学校教諭
  椛澤　光代　　　群馬県立赤城特別支援学校教諭
  編集委員

第3章
＜疾病の概要＞
新平　鎮博　　独立行政法人国立特別支援教育総合研究所
　　　　　　　　情報・支援部長（兼）上席総括研究員

＜実践事例＞
石橋　和江　　千葉県立仁戸名特別支援学校教諭
森屋　伸　　　北海道八雲養護学校教諭
伊藤　真吾　　千葉県立四街道特別支援学校教諭
古川（白濱）郁香　神奈川県立横浜南養護学校教諭
嶋村　大樹　　栃木県立岡本特別支援学校教諭
近藤　味規　　東京都立光明学園主幹教諭
杉村　真弓　　千葉県立仁戸名特別支援学校教諭
細谷　友　　　東京都立小平特別支援学校武蔵分教室教諭
槙納みのり　　徳島県立鴨島支援学校教諭
中里　早苗　　埼玉県立けやき特別支援学校伊奈分校教諭
大倉志保子　　新潟県立柏崎特別支援学校教諭
編集委員

第4章
編集委員

第5章
編集委員

あとがき
深草　瑞世　　文部科学省初等中等教育局特別支援教育課特別支援教育調査官

（平成 31 年 3 月現在）

■表紙デザイン　宇都宮　政一

特別支援学校学習指導要領等を踏まえた

病気の子どものための教育必携

2020 年 1 月 29 日　初版第 1 刷発行
2020 年 9 月 10 日　初版第 2 刷発行
2022 年 3 月 12 日　初版第 3 刷発行
2023 年 3 月 10 日　初版第 4 刷発行
2024 年 9 月 1 日　初版第 5 刷発行

■編　　著　全国特別支援学校病弱教育校長会
■発 行 者　加藤　勝博
■発 行 所　株式会社 ジアース教育新社
　　　　　　〒 101-0054　東京都千代田区神田錦町 1-23 宗保第 2 ビル
　　　　　　T e l：03-5282-7183
　　　　　　F ax：03-5282-7892
　　　　　　E-mail：info@kyoikushinsha.co.jp
　　　　　　URL：https://www.kyoikushinsha.co.jp/

■本文デザイン・DTP　株式会社 彩流工房
■印刷・製本　三美印刷 株式会社

ISBN978-4-86371-520-2
定価はカバーに表示してあります。